AF535902

natürlich oekom
nachhaltig seit 1989

Impressum

Herausgeber
Nationalparkverwaltung
Niedersächsisches Wattenmeer
Virchowstraße 1
26382 Wilhelmshaven

Koordination und Redaktion
Astrid Martin, Nationalparkverwaltung

Texte und Organisation
Barthel Pester

Gestaltung
Jürgen Amelung, mensch und umwelt

Textnachweise
Susanne Balduff, Seite 147 rechts
Benjamin Brockhaus, Seite 74
Linda Grüneisen, Seiten 112–113
Nationalparkverwaltung, Seiten 8, 12, 14, 86–87, 107, 111, 148, 150
Ina Rosemeyer, Seiten 146–147
Rezepte von Partner:innen und Gleichgesinnten

Bibliografische Information der Deutschen Nationalbibliothek: Die Deutsche Nationalbibliothek verzeichnet diese Publikation in der Deutschen Nationalbibliografie; detaillierte bibliografische Daten sind im Internet über www.dnb.de abrufbar.

Verlag

oekom – Gesellschaft für ökologische Kommunikation mbH,
Waltherstraße 29, 80337 München

Druck
Friedrich Pustet GmbH & Co. KG,
Regensburg

Printed in Germany
ISBN 978-3-98726-026-1

Illustrationen
Carsten Fuhrmann

Fotonachweise
Jürgen Amelung, Seiten 20, 51, 67, 104, 112
ATLANTIC Hotel Bremerhaven, Seite 106
ATLANTIC Hotel Wilhelmshaven, Seite 94
BBS Wittmund, Seiten 151, 154, 155
Bioland-Hof Agena · Dreyer, Seiten 16 o.r., 48, 49, 65 o.m., m.
FaroNK / photocase.de, Seite 140
Jürn Bunje, Seite 123
Linda & Stefan Fotografie, Butjadingen, Titel, Seiten 1, 10, 11 o., u.r., 16 o.l., o.m., u., 17, 18, 19, 32, 35, 38, 42, 45, 47, 50, 51, 61, 78, 79, 87, 91, 93, 95, 97, 98, 100, 108, 111, 113, 114, 118, 128, 129, 130, 133, 134, 136, 144 o., m., 145 o., 163, 164
Arnd Hartmann, Seiten 52, 53, 55
HÖB Papenburg, Seiten 36, 37
Hof Butendiek, Sonja Herpich, Seiten 14, 138, 139
Harstall Fotografie, Seite 138
Jan Jagusch, Seite 120
Patrick Kösters, Seiten 30, 31
NAKUK – das friesische Landhotel, Seiten 56, 57
Nationalparkverwaltung Niedersächsisches Wattenmeer, Seiten 12, 13, 14, 15, 68, 71, 76, 77, 82, 83, 103, 124, 145
ndanko / photocase.de, Seite 58
Christina Ohmes, Seite 127
Barthel Pester, Seiten 62, 63, 116
Agnes Ratering, Seite 126
Regionales Umweltzentrum Schortens, Seite 146
Anja Sander, Seite 127
Beatrix Schulte, Seiten 65 o.r., 140 m., 144 u.l.
Seekrug Genussmanufaktur, Seiten 80, 81

Watt'n Kochbuch

Die Biosphärenregion tischt auf.
Regional, saisonal, nich' egal.

Watt'n Kochbuch

Zum Löffeln

Grünfutter

Traditionelle Gerichte

Tierisch

Liebe Freundinnen und Freunde der niedersächsischen Wattenmeerregion, des Wattenlands,

liebe Genießerinnen und Genießer,

eine Region lässt sich nur so richtig genießen, wenn man sie mit allen Sinnen erlebt: den Wind im Gesicht, den Schlick an den Füßen, das Salz in der Nase, die Rufe des Großen Brachvogels im abendlichen Watt in den Ohren, den Blick schweifend bis zum Horizont und auf der Zunge der Geschmack nach … … ja, wonach denn eigentlich? Wonach schmeckt das Wattenland? Was ist typisch für die Region und vielleicht sogar einzigartig?

Der „Trüffel Ostfrieslands", die Kleikartoffel, wächst in den fruchtbaren Kleiböden der Marsch und erhält dadurch ihren einzigartigen Geschmack. Auf den Deichen oder in den Poldern direkt am Wattenmeer weiden Schafe und alte Rinderrassen wie das Deutsche Schwarzbunte Niederungsrind. Aber auch Bohnen sind ein wichtiger Bestandteil der regionalen Küche des Wattenlands: frisch verarbeitet in einer „Bohnensopp" oder getrocknet und zur Aufbewahrung unter der Decke hängend als „Updrögt Bohnen".

Im Watt'n Kochbuch lässt sich die Region entdecken: Lernen Sie die Menschen kennen, die die Produkte erzeugen, verarbeiten und verkaufen. Lesen Sie, welchen Mehrwert regionale Wirtschaftskreisläufe für Mensch und Natur haben und wie im Partner-Netzwerk des Nationalparks und der Biosphärenregion Niedersächsisches Wattenmeer gemeinsam die Region gestaltet wird. Nehmen Sie eine Erinnerung ans Wattenland mit nach Hause und kochen Sie mit den vielfältigen Rezepten Gerichte wie Wuddeldick, Grünkohl-Pesto oder Crème brûlée vom Ostfriesentee.

So ein Kochbuch kann nur entstehen, wenn viele begeisterte Menschen sich zusammentun und jeder etwas Individuelles dazu beiträgt. Unsere Nationalpark- und Biosphären-Partner:innen sind solche Menschen. Sie bieten Erlebnisse mit allen Sinnen achtsam in der einzigartigen Landschaft des Wattenlands. So unterschiedlich wie sie selbst, so unterschiedlich sind ihre Angebote. Doch sie haben eine gemeinsame Devise: Natur, Kultur, Qualität und Nach-

haltigkeit in einer der schönsten Landschaften Niedersachsens miteinander zu verbinden. Sie führen die Naturlandschaft des Wattenmeeres mit nachhaltigem Handeln in ihren Betrieben zusammen. Dann entstehen Produkte, die zur Region gehören, zur Region passen und so Botschafter unserer Region sind. Typische essbare Pflanzen, wie der Queller, sind natürlich im Nationalpark geschützt und dürfen nicht kommerziell genutzt werden. Doch innovative Ideen machen es möglich, Queller auch in der Gärtnerei anzubauen und so in der Küche zu verarbeiten.

Tauchen Sie nun mit uns ein in die kulinarische Vielfalt des Wattenlands, die Biosphärenregion Niedersächsisches Wattenmeer. Genießen Sie die einzigartigen Geschmackserlebnisse, die so eng verbunden sind mit dem Wattenmeer und dem Hinterland: Landschaft kann man schmecken und sie wird einem zum Freund!

Ihr

Peter Südbeck

Leiter der Nationalparkverwaltung
Niedersächsisches Wattenmeer

BIOSPHÄREN-REGION

Die Biosphärenregion ist ein Ausdruck eines ganzheitlichen Blicks auf die niedersächsische Küstenregion und deren Zukunftsperspektiven. Sie umfasst die einzigartige Landschaft des Wattenmeeres und das vom Menschen durch Eindeichung geschaffene Hinterland. Allen Stürmen des Meeres und der Kraft der Gezeiten zum Trotz entwickelte sich hinter den Deichen eine Landschaft mit einmaliger Siedlungsgeschichte und kultureller Identität. Im Laufe der Zeit erwuchsen hieraus Landnutzungsformen wie Landwirtschaft auf den fruchtbaren Böden und Tourismus an Watt und Meer.

Zukunftsthemen aktiv und nachhaltig gestalten

Begleitend stieg das Bewusstsein für die Einzigartigkeit des Lebensraums: Das Wattenmeer wurde als Nationalpark geschützt und als UNESCO-Weltnaturerbe ausgezeichnet. Im Wattenland, der Biosphärenregion Niedersächsisches Wattenmeer, machen sich heute Einheimische und Gäste der Region, geprägt durch den Wandel am Meer, gemeinsam auf den Weg, den Zukunftsthemen zu begegnen und diese aktiv und nachhaltig zu gestalten.

Die von der UNESCO ausgezeichnete Biosphärenregion Niedersächsisches Wattenmeer umfasst derzeit mit ihrer großen Kern- und Pflegezone das Gebiet des gleichnamigen Nationalparks in dessen Grenzen von 1986. Hier steht der Schutz der Naturlandschaft im Vordergrund, die durch den Nationalpark geschützt und von der UNESCO als Weltnaturerbe-Stätte ausgezeichnet worden ist. Daran angrenzend entsteht auf den Inseln sowie binnendeichs auf dem Festland die Entwicklungszone der Biosphärenregion Niedersächsisches Wattenmeer. Entsprechend ihrer Funktion werden dort beispielhaft zukunftsfähige Lebens- und Kulturräume für die nachfolgenden Generationen gemeinsam mit Akteur:innen der Region entwickelt. Dieses Kochbuch zeigt die Menschen, ihr Wirken und ihre Ideen, mit denen sie die Biosphärenregion aktiv gestalten.

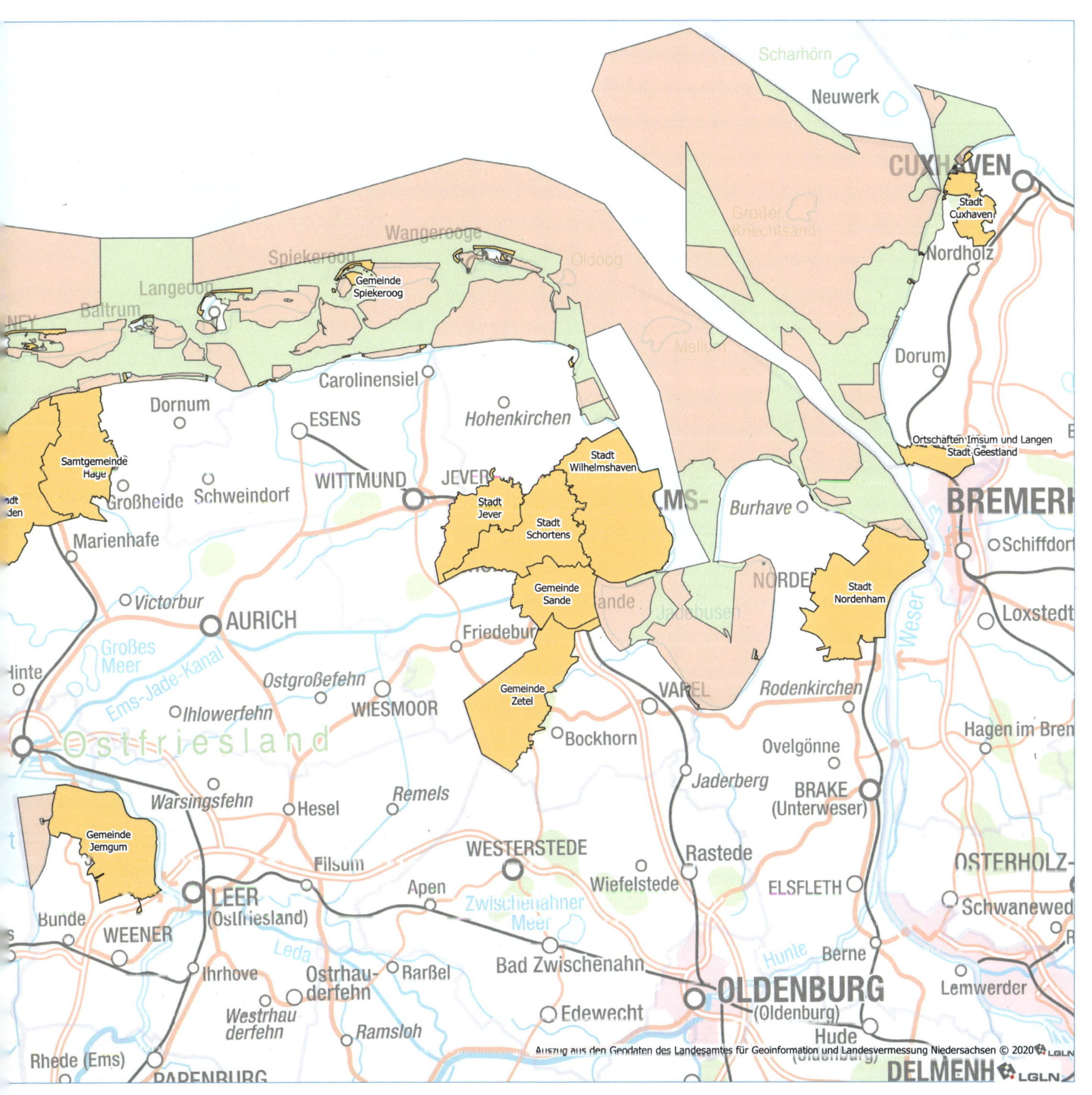

Biosphärenregion Niedersächsisches Wattenmeer

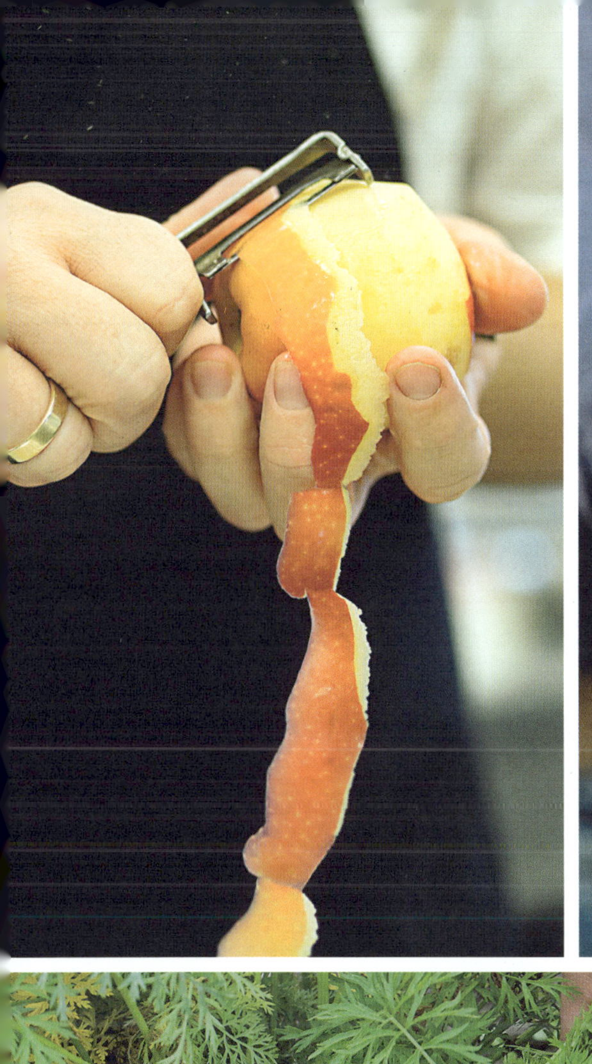

DAS PARTNER-NETZWERK

Seit 2010 engagieren sich zertifizierte Nationalpark- und Biosphären-Partner:innen für eine nachhaltige (touristische) Entwicklung in der Region und sind zugleich Botschafter:innen des UNESCO-Weltnaturerbes Wattenmeer. Ihre Devise: Natur, Kultur und regionale Qualitätsprodukte mit allen Sinnen und achtsam in einer der wertvollsten Landschaften Niedersachsens genießen.

Die Bandbreite der Partner-Betriebe reicht dabei von Gastronomie/Beherbergung, Freizeit- und Informationseinrichtungen sowie Mobilitätsanbietern über Bildungseinrichtungen bis hin zu Landwirtschaft, regionalem Handwerk und produzierendem Gewerbe. Zertifizierte Nationalpark-Führer:innen komplettieren das Partner-Netzwerk und bieten die Möglichkeit, die verschiedenen Lebensräume der Region zu entdecken.

Das gemeinsame Ziel ist die nachhaltige Entwicklung (in) der Region. Durch nachhaltiges Wirtschaften trägt jeder einzelne Partner-Betrieb zum Schutz und Erhalt des Wattenmeeres bei. Die Sensibilisierung von Gästen und Einheimischen in der Region gehört ebenso dazu wie die Stärkung regionaler Vermarktungsstrukturen sowie die Erprobung von innovativen, umwelt- und klimaschonenden Verfahren. Als aktives Netzwerk von Gleichgesinnten steht das Miteinander für die Region im Fokus. Gemeinsam kann so die Zukunft gestaltet werden.

Botschafter:innen der Nationalen Naturlandschaften

Das Partner-Netzwerk am niedersächsischen Wattenmeer ist Teil der bundesweiten Partnerinitiative der Nationalen Naturlandschaften e. V. In 30 Großschutzgebieten in Deutschland werden Nationalpark- und Biosphären-Partner:innen nach einheitlichen Qualitäts- und Umweltstandards ausgezeichnet und engagieren sich für Umwelt und Natur. Insgesamt über 1.600 Partner:innen bieten nachhaltige Angebote für Übernachtungen, Gastronomie, Handwerk, Naturerlebnisse und vieles mehr.

www.nationalpark-partner-wattenmeer-nds.de

PARTNER

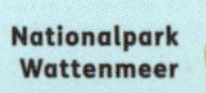

https://partner.nationale-naturlandschaften.de

PARTNER

WERDEN SIE TEIL DES PARTNER-NETZWERKS

Sie fühlen sich den einzigartigen Natur- und Kulturlandschaften des Wattenmeers verbunden und möchten als Botschafter:in in der Region aktiv sein? Dann werden Sie doch mit Ihrem Betrieb oder als Nationalpark-Führer:in Teil des Partner-Netzwerks am Niedersächsischen Wattenmeer. Mehr Infos dazu finden Sie auf unserer Homepage.

PRODUKTE ZERTIFIZIEREN LASSEN

Produzieren Sie umweltfreundliche Produkte in und aus der Wattenmeer-Region? Dann lassen Sie diese doch als Wattenmeer-Produkte zertifizieren und über die Datenbank und im Netzwerk vermarkten. Mehr Infos dazu finden Sie auf unserer Homepage.

WATTENMEER-PRODUKTE

Landschaft schmecken – Landschaft schützen

Regionale Produkte sind Botschafter:innen ihrer Landschaft. Vielerorts noch bekannt, teilweise wiederentdeckt, bereichern sie den kulinarischen Speisezettel der Region. Nachhaltig produziert können sie einen Beitrag zum Erhalt der schützenswerten Natur- und Kulturlandschaft am Wattenmeer leisten.

Auf der Website www.wattenmeerprodukte.de wird die Produktvielfalt der Wattenmeer-Region nach und nach sichtbar – für Einheimische und Gäste, für Hotellerie und Gastronomie und für alle, die auf der Suche nach regionalen, authentischen, umweltfreundlichen und hochwertigen Produkten aus der Region sind.

Mit Akteur:innen der Region werden beispielhaft authentische Produkte wie zum Beispiel eine „Deichlamm-Bratwurst aus der Biosphärenregion" entwickelt und neue Absatzwege im Partner-Netzwerk ausprobiert. Gemeinsam werden so Wege zu einer nachhaltigen Landwirtschaft und regionalen Wirtschaftskreisläufen in und für die Region geschaffen.

PRODUKT AUS DER

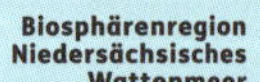

www.wattenmeerprodukte.de

Regionale Lieferketten

Kurze Wege für den Klimaschutz werden beim Kauf regionaler Lebensmittel immer wichtiger. Ein Drittel aller Treibhausgase weltweit geht auf das Konto der Lebensmittelproduktion. Der Transport von Lebensmitteln verursacht zwar „nur" drei Prozent der Emissionen, doch verschlechtert sich die Treibhausbilanz drastisch, wenn Lebensmittel geflogen werden. Nationalpark- und Biosphären-Partner:innen in der Region stellen sich dem entgegen und arbeiten, wenn möglich, zusammen. Beispiel: Der Biolandhof Agena Dreyer liefert der Genussmanufaktur auf Langeoog Kartoffeln. Die Entfernung von der Krummhörn in den Hafen von Bensersiel beträgt 43,6 Kilometer. Also: Je lokaler das Lebensmittel, umso besser für das Klima.

Zusätzlich steht die Anfälligkeit globaler Lieferketten in Krisenzeiten in großem Widerspruch zur Widerstandsfähigkeit der Direktvermarktung regional erzeugter Lebensmittel. Studien während der Coronakrise belegen, dass immer mehr Verbraucher:innen regionale Lebensmittel bevorzugen, denn Transparenz in der Herstellung und der Herkunft spielen eine immer größere Rolle.

Der Biogroßhändler Kornkraft aus Huntlosen im Landkreis Oldenburg ist Biosphären-Partner und rückt mit seiner Produktlinie „Bio von hier" die Herkunft der Lebensmittel in den Fokus. Er verteilt ausschließlich Biolebensmittel in der Region an Hofläden, Naturkostfachgeschäfte, Reformhäuser und die Gastronomie. Bis 2025 soll die Auslieferung klimaneutral sein.

DU BIST, WAS DU ISST

Barthel Pester, Redaktion „Watt'n Kochbuch"

Eigentlich ist es einfach, der Klimakrise wirkungsvoll zu begegnen: klimafreundlich essen und trinken. Und das funktioniert, stark verkürzt, so: weniger tierische Produkte essen, stattdessen mehr Obst und Gemüse aus der Region und dabei Lebensmittel nicht verschwenden. Durchschnittlich 85 Kilogramm jährlich wirft jede:r von uns weg – im Wert von 230 Euro. Die Herstellung, die Verarbeitung und der Transport von Lebensmitteln verursachen ein Drittel aller Treibhausgasemissionen weltweit. Dabei gibt es jedoch große Unterschiede. Ein Beispiel: Ein Kilogramm Gemüse verursacht durchschnittlich 140 Gramm Treibhausgase, ein Kilogramm Rindfleisch dagegen 185-mal so viel. Klimaschutz beginnt also auf dem Teller. Dreimal täglich.

Kochen gehört zu den ältesten Kulturtechniken der Menschheit. Wir kochen, also sind wir. In diesem Buch lesen Sie, wie Sie sinnvoll fürs Klima mit regionalen Aspekten essen: Essen und Trinken möglichst aus der Region, ressourcenschonend und klimafreundlich, das obendrein nicht viel kostet, satt macht und natürlich auch noch lecker ist.

Das Watt'n Kochbuch stellt Ihnen Landwirt:innen, Hersteller:innen und Produzent:innen vor, die sich auf die Vielfalt der Natur einlassen. Die Biosphärenregion Niedersächsisches Wattenmeer ist eine Kathedrale der Natur. Es ist aber auch ein vielfältiges, äußerst fragiles Ökosystem. Jede Störung ist für diesen Lebensraum mehr als nur störend, sie verletzt folgenreich. Mikroplastik zum Beispiel, zu viel Gülle im Boden und im Wasser oder Artensterben durch die zunehmende Versiegelung von Flächen.

Dass Deutschland ein Hochrisikoland ist, also zu den Ländern gehört, die in den vergangenen Jahren die größten Klimaschäden zu verzeichnen hatten, möchten wir nicht gerne wahrnehmen. Im September 2021 trifft ein Tornado Berumerfehn in Ostfriesland. Es kommt zu Sachschäden.

Der Anstieg des Meeresspiegels wird bedrohliche Auswirkungen auch auf das Wattenmeer haben. Wattflächen, Salzwiesen, Strände und Dünen könnten verloren gehen. Sturmfluten gefährden Menschen. Wir sind gezwungen, uns an das Klima anzupassen. Viel Aufwand ist notwendig, das Weltnaturerbe Wattenmeer in den kommenden Jahrzehnten zu erhalten. Dabei haben wir es in der Region durch unser Verhalten selbst in der Hand, unseren eigenen CO_2-Fußabdruck zu senken.

Es ist angerichtet

Unsere Ernährung klimafreundlicher auszugestalten, ist für jeden Einzelnen eigentlich keine so große Herausforderung. Doch eine klimafreundliche Ernährung führt nicht nur zu geringeren CO_2-Emissionen, sie dient auch unserer persönlichen Gesundheit und ist damit ein hoher Wert an sich und ein lohnender Egoismus. Für die Umstellung auf regionale und saisonale Lebensmittel braucht es lebendige Böden, eine reiche Biodiversität, heimische Tiere sowie Mischkulturen und samenfeste Sorten. Regenerative Landwirtschaft ist eine natürliche „Reparaturwerkstatt".

Sich klimafreundlich zu ernähren, schmeckt auch noch. Der Geschmackssinn macht im Zusammenspiel von Nase, Ohren, Augen und Tastsinn jedes Essen zu einem Gesamtkunstwerk. Bei einem Apfel beispielsweise hören wir zunächst hin: Wie knackt der Apfel beim Reinbeißen? Dann gilt es zu spüren, ob die Schale hart, zäh oder weich ist. Zu Anfang schmecke ich schnell, ob der Apfel sauer oder süß ist. Vielleicht hat er auch noch bittere Aspekte. Und dann beginnt das Aroma zu wirken.

Wir müssen ja nicht nur die Erde retten, sondern auch uns Menschen. Das ist lecker und auch noch gerecht.

ZUM LÖFFELN

SUPPEN

APFELSCHAUM-SÜPPCHEN

mit Brunnenkresse

Zutaten für 8–10 Personen

- 5–7 Elsteräpfel (ca. 500 g)
- 3 Schalotten
- 500 ml Gemüsebrühe
- 100 ml Cidre
- 200 ml saure Sahne
- 100 ml Schlagsahne
- 1–2 EL weißer Balsamico-Essig
- 50 g Butter
- 50 g Mehl
- Sternanis
- Rosmarin
- Ingwer
- Salz und Pfeffer
- Zucker
- Brunnenkresse

Die Schalotten schälen und in Würfel schneiden, die Äpfel vierteln, entkernen und ebenfalls in Würfel schneiden. Zunächst die Schalotten in der Butter glasig anschwitzen und dann die Apfelwürfel kurz mit anschwitzen. 1 Esslöffel Zucker dazugeben und mit dem Balsamicoessig ablöschen. Das Ganze mit Mehl bestäuben, verrühren und mit der Gemüsebrühe und dem Cidre auffüllen. Dazu kommen Sternanis, ein Stückchen Ingwer und ein Rosmarinzweig. Bei kleiner Flamme das Ganze 10 Minuten leicht köcheln lassen.

Anschließend werden Sternanis, Rosmarin und Ingwer wieder entfernt, saure Sahne aufgegossen und mit Salz und Pfeffer gewürzt (die leicht süßliche Suppe verträgt recht viel Pfeffer). Nachdem die Suppe einmal aufgekocht ist, pürieren wir sie sehr sorgfältig und passieren sie durch ein Sieb (durch die saure Sahne ist sie flockig geworden). Zu guter Letzt schlagen wir die Sahne kurz an und fügen sie hinzu – dadurch wird die Suppe extra schaumig. Die leicht scharfe Brunnenkresse rundet die Apfelschaumsuppe ab.

CREMIGE PASTINAKEN-APFEL-SUPPE

Zutaten für 4 Personen

- 500 g Pastinaken
- 750 ml Gemüsebrühe ohne Geschmacksverstärker
- 1 Zwiebel
- 1 Apfel
- 4 EL Olivenöl
- 200 ml Sahne oder vegane Alternative
- 1 Bund Schnittlauch
- Kräutersalz
- Muskat
- Pfeffer

SUSANNE EMPFIEHLT
Obst und Gemüse in Bio-Qualität zu verwenden. Das wird nicht mit chemischen Pflanzenschutzmitteln gespritzt und der Boden wird geschont.

Die Zwiebel schälen, den Apfel waschen und entkernen (nicht schälen). Beides würfeln und in einem Suppentopf in Olivenöl glasig dünsten. Die Pastinaken waschen, Wurzelansätze entfernen (nicht schälen), in Stücke schneiden, dazugeben und ebenfalls kurz andünsten. Die Gemüsebrühe dazugeben und ca. 20 Minuten bei mittlerer Hitze garen, bis die Pastinaken weich sind.

Die Suppe mit dem Pürierstab pürieren und die Sahne (oder vegane Alternative) unterrühren. Den Schnittlauch waschen, in feine Röllchen schneiden und ebenfalls dazugeben. Die Suppe mit Kräutersalz, Muskat und Pfeffer, je nach Geschmack, würzig abschmecken.

Vegane Alternative für die Sahne: 2 Esslöffel Mandelmus mit 150 ml Wasser verrühren.

KÜRBIS-SUPPE

Zutaten für 8–10 Personen

- 1 Hokkaido-Kürbis
- 1.500 ml Gemüsebrühe
- 2 Zwiebeln
- 50 g Butter
- 100 ml Orangensaft
- 200 ml Sahne
- Frisch geriebener Ingwer
- Salz und Pfeffer
- Curry
- Muskat
- Cayennepfeffer
- Sternanis
- Ahornessig

Den Kürbis entkernen und mit Schale in grobe Würfel schneiden. Die Zwiebeln ebenfalls in grobe Würfel schneiden und dann zusammen in einem großen Topf mit der Butter anschwitzen. Die Gewürze dazugeben und mit der Brühe und dem Orangensaft aufgießen. Circa 20 Minuten leicht köcheln lassen und dann den Sternanis entfernen. Anschließend die Sahne hinzugeben und fein pürieren. Zum Schluss nochmals mit den vorhandenen Gewürzen und dem Ahornessig abschmecken.

Zum Servieren etwas geschlagene Sahne, ein paar Kürbiskerne und ein paar Tropfen Kürbiskernöl auf die Suppe geben.

Herbst
Ernte
zeit

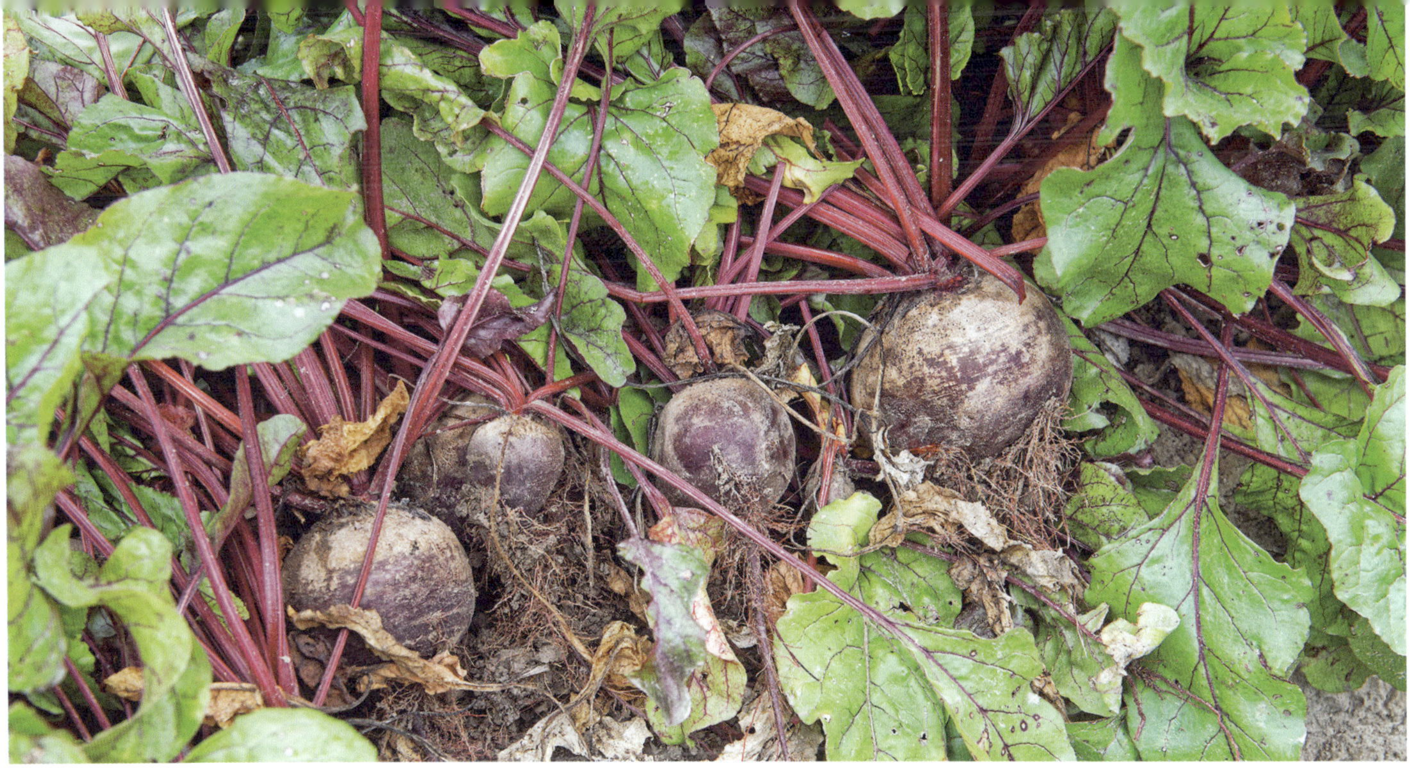

ROTE-BETE-SUPPE

Zutaten für 4 Personen
3 große Rote Bete
3 kleine Zwiebeln
3 Knoblauchzehen
3 EL Ingwer
1.000 ml Gemüsebrühe
1 EL Sonnenblumen- oder Rapsöl
½ TL Koriandersamen
½ TL Kreuzkümmelsamen
Salz und Pfeffer
1 Prise Cayennepfeffer
400 ml Bio-Kokosmilch, fair gehandelt
Glatte Petersilie

Die roten Knollen sind wahre Vitaminwunder! Sie wachsen gut im Norden und bereichern vor allem in den kalten Monaten den Speiseplan, da sie sich gut lagern lassen. Diese Suppe vereint regionales Urgemüse mit exotischen Gewürzen:

Zwiebeln und Knoblauch würfeln, in dem Öl andünsten. Wenn sie glasig werden, die gewürfelte Rote Bete hinzugeben und noch einige Minuten andünsten. Mit der Gemüsebrühe ablöschen und ca. 20 bis 30 Minuten köcheln lassen, bis die Rote Bete weich geworden ist. Die Kokosmilch hinzugeben und alles pürieren. Die Suppe mit den Gewürzen sowie Salz und Pfeffer abschmecken und mit glatter Petersilie bestreut servieren.

REGIONALE LIEFERKETTE
Die Seefelder Mühle bezieht den Ingwer vom Sozialen Ökohof in Papenburg.

REGIONALER BEZUG
In der Seefelder Mühle kommt die Rote Bete direkt aus dem Müllerhausgarten.

Seefelder Mühle · vegan · leicht nachzukochen

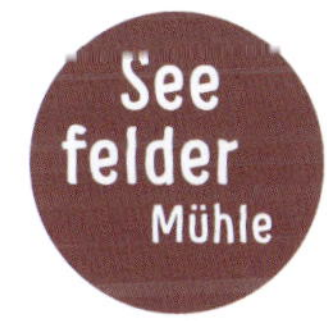

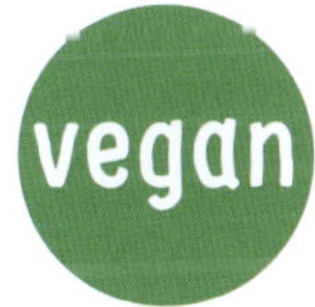

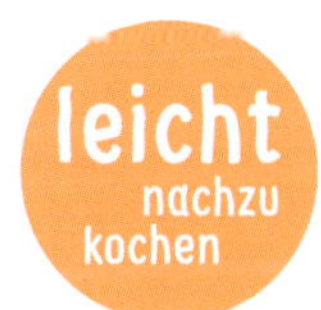

SPIEKEROOGER KRABBEN-SUPPE

Zutaten für
8–10 Personen

- 1.500 g ungepulte frische Krabben
- 2 EL Olivenöl
- 100 g Butter
- 50 g Sellerie
- 1 Möhre
- 50 g Lauch
- 1 Zwiebel
- 50 g Fenchel
- 250 ml Weißwein
- 2.500 ml Wasser
- 1 TL Tomatenmark
- Ingwer
- 1 Lorbeerblatt
- 2 Pimentkörner
- 2 Wacholderbeeren
- 1 Nelke
- Frischer Thymian
- Frischer Dill

Für die Mehlschwitze

- 100 g Butter
- 100 g Mehl

- 250 ml Sahne
- Cognac zum Verfeinern
- 1 Zitrone
- Salz
- Pfeffer
- 50 g Schlagsahne

Die Krabben müssen natürlich erst einmal gepult werden, um die Schale vom Fleisch zu trennen.

Die Krabbenschalen werden mit Olivenöl in einem großen Topf angeröstet, dann wird das in grobe Würfel geschnittene Gemüse und die Butter hinzugegeben und zusammen kurz angeschwitzt.

Der Röstansatz wird mit Weißwein und Wasser aufgefüllt und das Tomatenmark eingerührt. Den Sud eine Stunde bei mittlerer Hitze und geschlossenem Deckel köcheln lassen.

Vom Dill werden die feinen Dillspitzen abgezupft und für die Garnitur aufbewahrt, die Stängel kommen in den Sud. Danach werden der Thymian und die Gewürze hinzugefügt. Weitere 30 Minuten köcheln lassen und anschließend durch ein feines Sieb passieren.

Von Butter und Mehl wird eine klassische Mehlschwitze hergestellt und nach und nach mit der heißen Suppe kräftig verrührt. Wieder 15 Minuten köcheln lassen, um den Mehlgeschmack zu neutralisieren. Danach die Sahne hinzufügen und mit Pfeffer, Salz, Cognac und Zitrone abschmecken.

Zum Servieren eine gute Portion der gepulten Krabben in eine Suppenterrine geben und mit der Suppe auffüllen. Mit geschlagener Sahne und Dillspitzen garnieren.

Siehe auch Infobox Krabbenfischerei auf Seite 87.

STECKRÜBEN-CREME-SUPPE

Zutaten für 4 Personen

500 g Steckrüben
1 kleine Zwiebel
2 EL Butter
650 ml kräftige Gemüsebrühe
40 ml Apfelessig
1 Apfel
200 g Schmand
4 EL Crème fraîche
2 EL grober Senf
Salz
Schwarzer Pfeffer
4 Blätter krause Petersilie

Optional
100 g gepulte Krabben

Steckrüben, Zwiebel und Apfel in kleine Würfel schneiden. Butter in einem Topf erhitzen, Gemüsewürfel und Apfel darin 5 Minuten andünsten.

Apfelessig zugeben und fast vollständig verkochen lassen. Gemüsebrühe aufgießen und Gemüse weichkochen.
4 Esslöffel Gemüse aus der Suppe nehmen und beiseitestellen.
Schmand in die Suppe geben und glatt mixen.
Mit Salz und schwarzem Pfeffer abschmecken und groben Senf einrühren.

Suppe auf vier Teller aufteilen und Gemüsewürfel daraufgeben. Jeweils mit einem Blatt Petersilie und einem Esslöffel Crème fraîche garnieren.

Wahlweise Krabben (frisch vom Kutter zum Selberpulen) auf der Suppe verteilen. Siehe auch Infobox Krabbenfischerei auf Seite 87.

FLIEDERBEER-SUPPE

Zutaten für 4–6 Personen

- 750 ml Holunder-Saft
- 250 ml Wasser
- ½ Tasse Sago
- 1–2 Äpfel
- Zucker
- Vanillezucker
- Evtl. Zitronensaft

Flieder-Saft und Wasser mischen, Äpfel kleinraspeln und hinzufügen. Alles zum Kochen bringen. Sago einstreuen und bei schwacher Hitze köcheln, bis der Sago klar ist. Mit Zucker und Vanillezucker abschmecken. Als Zierde Eischneehäufchen daraufsetzen. Kalt oder warm essen. Auch für Kirsch- oder Brombeersaft geeignet.

OMA BUNJES TIPP
Sago ist ein geschmacksneutrales Verdickungsmittel aus granulierter Stärke – kleine, weiße Kügelchen, die nach dem Kochen durchsichtig werden. Leider ist es aus der Mode gekommen, mit Sago zu kochen, dabei ist es eine gute vegane Alternative zur Gelatine. Sago wird aus dem Mark des Stammes der Sago-Palme gewonnen.

ÜBRIGENS
Der Name Flieder wird im Norddeutschen für Holunder verwendet.

OBST-SUPPE

Zutaten für 4–6 Personen

- 500 g August-Äpfel
- 1.000 ml Wasser
- Zucker
- 50 g Sago oder ½ Päckchen Vanillepudding-Pulver
- ½ Zimtstange
- Zitrone
- Vanillezucker
- 1 Handvoll Rosinen

Äpfel kleinschneiden und mit den Zutaten in 1 Liter Wasser kochen. Dann erst mit dem Sago oder dem Puddingpulver andicken.

FRIESISCHE MOSTERD-SOEP

Senfsuppe mit Queller

Zutaten für 4 Personen
2 Schalotten
1 Stange Porree
1 Knoblauchzehe
100 g Butter
2 EL Mehl
800 ml Gemüsefond, am besten selbst gemacht
200 ml Weißwein
150 g Queller
4 EL Knoblauch-Kräutersenf
1 TL Honig
100 ml Sahne
Pfeffer
Salz
Senfkörner
Gänseblümchen zur Deko

REGIONALE LIEFERKETTE

Der Gulfhof Friedrichsgroden setzt auf regionale Produkte. So bezieht er das Gemüse vom Bioland-Hof Dreyer-Agena aus Krummhörn, siehe Seite 48. Milchprodukte kommen von der Bio-Hofmolkerei Dehlwes in Lilienthal, das Mehl aus der (Wind-)Mühle Erks in Horsten. Die Weindiele Westerstede liefert den Roblandhof-Grauburgunder. Der Queller wächst in der Natur nur auf den Salzwiesen und wird von der Gärtnerei Otten in Jever angebaut und vertrieben, siehe Seite 99. Den Inselhonig Sommertracht sammeln die Bienen der Imkerei Kremer. Meersalz und Senf gibt es von Uli's kleine Senfmanufaktur und die Gänseblümchen wachsen im eigenen Garten.

Schalotten, Porree und Knoblauch klein hacken und zusammen in Butter glasig anschwitzen. Mehl hinzugeben und alle Zutaten eine weitere Minute dünsten lassen. Gemüsefond und Weißwein hinzugeben und weitere zehn Minuten bei wenig Hitze köcheln lassen.

In der Zwischenzeit den Queller grob teilen, eine Minute lang blanchieren und direkt mit kaltem Wasser abkühlen. Zum Würzen Knoblauch-Kräutersenf, Honig und Sahne hinzugeben, fünf Minuten köcheln lassen und je nach Wunsch mit Pfeffer und Salz abschmecken.

Die Suppe auf einen Teller geben und mit ca. einem Esslöffel des blanchierten Quellers garnieren. Außerdem mit durch den Mörser grob geriebenen Senfkörnern und einem Gänseblümchen dekorieren.

aus der Praxis

Gulfhof Friedrichsgroden Biosphären-Partnerbetrieb

Der Gulfhof Friedrichsgroden vereint in seinem Konzept Natur, Kunst, Kultur und Kulinarik aus dem Wattenland. Zu verschiedenen Anlässen wie den Biosphären-Menü-Tagen, den Biosphären-Konzerten und zu den Zugvogeltagen versorgt die GreenEvent-Gastronomie des Gulfhofs Gäste von nah und fern mit Köstlichkeiten aus der Wattenmeer-Region. Auch das Catering in den Ferienwohnungen, bei Feierlichkeiten im Ausstellungssaal und bei Tagungen im Coworking Space orientiert sich vorrangig an der saisonalen Vielfalt regionaler Produkte aus dem Netzwerk der Nationalpark- und Biosphären-Partnerbetriebe. Im kulinarischen Angebot finden sich sowohl vegane als auch vegetarische Gerichte. Wenn es ans Fleisch geht, wird auf dem Gulfhof Friedrichsgroden Lammfleisch in verschiedensten Variationen serviert: Deichlamm-Bratwürste, Rückenkoteletts, Steaks und Braten aus den Keulen. Diese Spezialitäten kommen zum Teil aus dem eigenen Tierbestand: Vier bis zehn Schafe und Lämmer verbringen ihre Lebenszeit auf dem Hof. Hier dürfen sie ganzjährig auf dem angrenzenden Deich und auf den hofeigenen Weideflächen grasen.

SEHNSUCHT NACH SPIEKEROOG

Hotel Inselfriede, Spiekeroog

1904 war das Hotel Inselfriede eine kleine Pension mit angeschlossenem Kolonialwarenladen, als Eicke Germis' Urgroßvater von Nordamerika nach Spiekeroog zurückkehrte: „Urgroßvater hatte Heimweh, das verstehe ich sehr gut." Der Urenkel schmunzelt, wenn er an diese Familiengeschichte denkt. Die Familie hält der Insel und dem Gebäude in vierter Generation die Treue: „Diese Insel ist so einzigartig, wir verdanken ihr so viel und das vergessen wir zu keiner Zeit", beschreibt der Hotelbetriebswirt.

Doch angesichts des Klimawandels sieht der Insulaner Eicke Germis Spiekeroog großen Herausforderungen ausgesetzt: „Klar, mehr Sonnentage sind gut für unsere Gäste, doch unterm Strich finde ich diese klimatische Veränderung sehr gruselig. Die Winter sind milder, Sturmfluten treffen uns öfter und die Dünenabbrüche nehmen Ausmaße an, die schwer zu beschreiben sind." Gerade der Anstieg des Meeresspiegels lässt ihn schaudern. Doch er fühlt sich nicht allein: „1986 ist der Nationalpark Niedersächsisches Wattenmeer eingerichtet worden und 2009 ist das Wattenmeer in die UNESCO-Liste des Welterbes der Menschheit aufgenommen worden. So sind wir stärker in den Fokus gerückt."

Das Hotel Inselfriede mit seinen vier Sternen stellt sich dieser besonderen Herausforderung. Eicke Germis bekennt entschlossen: „Das sind wir unseren Gästen schuldig, aber natürlich auch unseren Mitarbeiter:innen und der Insel, auf der wir leben und von der wir leben."

„Behutsam Schritt für Schritt in Richtung mehr Regionalität und mehr Bioqualität."

Ökostrom ist selbstverständlich. Eine Photovoltaikanlage produziert seit 2009 Strom. Ein Blockheizkraftwerk versorgt sieben Häuser mit Energie. Der CO_2-Ausstoß von Erdgas wird kompensiert. Und die Küche? „Wir gehen behutsam Schritt für Schritt in Richtung mehr Regionalität und mehr Bioqualität", erklärt Eicke Germis und verweist auf den Adrianenhof auf dem Festland in Dornum. Mit Blick auf Spiekeroog weiden in den Salzwiesen Mutterkühe mit ihren Kälbern: „Das sind echte kurze Wege für den Klimaschutz. Aus geringerer Entfernung als üblich bekommen wir zudem Obst und Gemüse von Willms aus Wilhelmshaven."

Eicke Germis appelliert an die öffentliche Hand, eine klimagerechtere Infrastruktur vorzuhalten. „Eine klimaneutrale Anreise für unsere Gäste wäre super, doch der öffentliche Personennahverkehr muss dafür komfortabler werden. Umweltschutz und Tourismus widersprechen sich an dieser Stelle nicht", betont Germis. Das Land erhöht die Deiche und rückt in jedem Jahr mit größerem Gerät auf Spiekeroog an, um die Insel vor der Klimakrise zu schützen. Der Insulaner weiß um die komplexen Zusammenhänge: „Das sind richtig große bauliche Maßnahmen, die hier Jahr für Jahr stattfinden. Da ist es doch sehr sinnig, mehr Busse und Bahnen anzubieten, um die CO_2-Emissionen für die Anreise und die Abreise deutlich zu reduzieren."

Watt mutt, datt mutt. Eicke Germis betont die soziale Dimension des Tourismus auf den ostfriesischen Inseln. Menschen, die im Tourismus arbeiten, können sich wegen der immens gestiegenen Mieten keine Wohnung auf der Insel leisten: „Hier springen wir ein. Wir sind einer der größten Mietwohnungsgeber auf Spiekeroog. Wir bringen fast alle unsere Angestellten in eigenen Wohnungen unter. Das bedeutet", und nun lacht der Hotelier, „unsere Familie ist also viel größer. Neben meinen Eltern und meiner Schwester gehören noch viel mehr Leute dazu."

Zu Tisch bei Eicke Germis

EICKE, WARUM MACHST DU DIESE ARBEIT?
Aufgewachsen und groß geworden im Hotel habe ich die Leidenschaft für die Hotellerie schon sehr früh für mich entdeckt. Es bereitet mir große Freude, Gastgeber zu sein und ständig wechselnde, aber auch wiederkehrende Menschen bei uns beherbergen zu dürfen.

WANN BIST DU ZULETZT ALTEN, REGIONALEN OBST- ODER GEMÜSESORTEN BEGEGNET?
Saisonbedingt haben wir verschiedene Rüben und Kohlsorten auf dem Speiseplan. Wir kochen gerne frisch. Zum Angrillen haben wir ein Bärlauchpesto mit Bärlauch aus dem eigenen Garten gemacht.

WELCHE THEMEN SIND DEINE IM HAUS?
Da wir ein Familienunternehmen sind, beschäftige ich mich mit allen Themen dieses Hauses. Natürlich gebe ich auch gerne ab. Für das Marketing zum Beispiel ist meine Schwester zuständig.

WIE LAUTET DEINE LOKALE ANTWORT AUF DIE KLIMAKRISE?
Beruflich bedingt natürlich der Wunsch, dass die Deutschen ihren Urlaub im eigenen Land verbringen und den CO_2-Fußabdruck für die ganze Reise möglichst gering halten. Das klappt natürlich nur, wenn alle Leistungserbringer:innen sich der Herausforderung stellen.

WIE IST DEINE VISION?
Meine Vision ist es, das Familienunternehmen weiterzuführen und für die Zukunft richtig aufzustellen. Der Weg zum klimaneutralen Hotel sollte dabei natürlich vorrangig sein. Gästewünsche und aktuelle Trends sollten im Einklang stehen und für eine positive Veränderung in unserem Haus sorgen.

GRÜNFUTTER

GEMÜSE FRISCH VOM ACKER

GABIS KARTOFFEL-AUFLAUF

Zutaten für 3–4 Personen

- 1 kleiner Sack Kartoffeln
- 200 g gekochter Schinken vom lokalen Metzger des Vertrauens
- 350 g Gouda oder Gratinkäse
- 1 Becher Schmand
- 1 Becher Sahne
- 1 Prise Muskatnuss, frisch gemahlen
- 3 EL Majoran
- Große Prise Salz
- Große Prise Pfeffer

Optional

- Mit Gemüse der Saison

Kartoffeln kochen und anschließend in Scheiben schneiden. Gekochten Schinken würfeln und den Käse raspeln. Schmand, Sahne, Muskatnuss, Majoran, Salz und Pfeffer vermengen und die Sauce abschmecken.

Kartoffeln in die Auflaufform geben und mit dem gekochten Schinken garnieren. Die Sauce großzügig rübergießen und den Käse als Topping gleichmäßig verteilen.

Gerne noch das Lieblingsgemüse berücksichtigen. 30 Minuten bei maximal 200 Grad im Ofen backen, bis der Käse schön angebräunt ist.

TIPP VOM HOTELKOCH
Die Produkte sind in der Region erhältlich und können je nach Saison mit Blumenkohl, Brokkoli, Möhren oder Spargel verfeinert werden. Als vegetarische Variante kann das Gericht auch ohne Schinken zubereitet werden. Ob als Hauptspeise oder Beilage, der gute Kartoffelauflauf geht immer!

REGIONALE LIEFERKETTE
Das ATLANTIC Hotel Wilhelmshaven bezieht das Gemüse vom Bioland-Hof Agena in Krummhörn-Schoonorth (siehe Seite 48) und den Käse vom Hof Butendiek in Stadland (siehe Seite 138).

GOLDGELBE HIRSE-PUFFER

Zutaten für ca. 15 Stück
150 g Hirse
1.000 ml Wasser
1 kleine Zucchini
1 Möhre
150 g Dinkelmehl Type 630 oder 1050
1 TL Muskat
Salz
Pfeffer
Optional
1 TL Kurkuma für die goldgelbe Farbe
Bratöl oder Kokosöl zum Braten/Frittieren

Hirse mit dem Wasser in einem Topf erhitzen, kurz aufkochen, dann den Herd ausschalten und die Hirse im geschlossenen Topf 10 bis 15 Minuten ziehen lassen. In der Zwischenzeit Zucchini und Möhre raspeln oder sehr fein schneiden.

Das überschüssige Wasser der inzwischen gequollenen Hirse in einem Sieb abtropfen lassen. Die abgetropfte Hirse mit dem Gemüse vermengen und kräftig mit Salz, Pfeffer und Muskat würzen. Für die intensive, gelbe Farbe den Kurkuma untermischen. Wenn kein Kurkuma im Haus ist: einfach weglassen. Die Hirse-Puffer werden trotzdem leicht gelblich.

Eine Pfanne mit Öl erhitzen und den Hirseteig mit einem Esslöffel portionsweise in die Pfanne geben und die Häufchen etwas platt drücken. Die Hirse-Puffer von beiden Seiten schön kross anbraten/frittieren.

LINDAS TIPP

Man kann den gesamten Teig verarbeiten und die goldgelben Hirse-Puffer auch noch am nächsten oder übernächsten Tag kalt genießen.

Oder man bewahrt einen Teil des Teiges in einem sauberen Schraubglas auf und brät ihn dann einige Tage später.

Auch Einfrieren funktioniert: Dafür die Hirse-Puffer fertig braten, abkühlen lassen und dann in einem geeigneten Behälter einfrieren. Sie können dann später gefroren erneut kurz angebraten werden.

Statt Hirse kann auch Couscous, Reis oder nur Gemüse verwendet werden. Die Menge des Mehls variiert dann gegebenenfalls.

Es macht Spaß, mit Gewürzen zu experimentieren und den Puffern beispielsweise mit Curry oder Rauchpaprika eine andere geschmackliche Note zu verleihen.

Zutaten für 6 Personen

- 2 kleine Zwiebeln
- 1 Knoblauchzehe
- 750 g Gemüse nach Wahl (z. B. Kürbis, Möhren, Kohlrabi)
- Etwas Gemüsebrühe
- 150 g Haferflocken
- 2 EL geröstete Sonnenblumenkerne
- 75 g gemahlene Haselnüsse
- Salz, Pfeffer
- Currypulver
- Thymian
- Öl für die Pfanne oder das Backblech

GEMÜSE-NUSS-BRATLINGE

Zuerst die Zwiebeln und die Knoblauchzehe fein schneiden und in etwas Butter oder Öl anschwitzen. Nun das Gemüse grob würfeln und zugeben, mit etwas Gemüsebrühe angießen und alles weich dünsten (dabei sollte die Flüssigkeit fast verkocht sein).

Anschließend alles grob durchstampfen. Nun die Haferflocken zugeben und 10 Minuten ausquellen lassen. Zum Schluss die Sonnenblumenkerne und Haselnüsse hinzufügen und alles mit Salz, Pfeffer, Currypulver und Thymian abschmecken. Aus der Masse Bratlinge formen und in der Pfanne oder auf dem Backblech braten.

Regionale Gemeinschaftsverpflegung

Das Thema Ernährung spielt natürlich auch in Bildungsstätten eine große Rolle. Die Historisch-Ökologische Bildungsstätte Papenburg (HÖB) ist eine von 22 anerkannten Heimvolkshochschulen in Niedersachsen. Im Durchschnitt werden täglich rund 120 Seminargäste durch die Küche verpflegt – vom Frühstück bis zum Abendessen. Besonders wichtig ist dabei die Verarbeitung von regionalen, fair gehandelten und biologisch erzeugten Lebensmitteln, die Partner-Betriebe aus der Region frisch liefern.

Im Laufe der vergangenen Jahre stieg auch die Nachfrage nach vegetarischer und veganer Verpflegung durch die Gäste. Küchenmeisterin Renate Müller-Lücht hat daher eine Weiterbildung zur vegetarisch-vegan geschulten Köchin absolviert und im Rahmen ihrer Abschlussarbeit das Projekt „Teilzeit-Veganer" ins Leben gerufen. Hier können die Gäste vegane Ernährung ausprobieren.

Auch im Rahmen der Bildungsprojekte werden regionale und nachhaltige Ernährung thematisiert. Das Projekt „Regio-Marktplatz" widmet sich dem Aufbau einer Onlineplattform, um das Angebot landwirtschaftlicher Produkte aus der Region sichtbar zu machen. Außerdem wird die Vernetzung zwischen den lokalen Akteur:innen durch unterschiedliche Veranstaltungsformate gestärkt und mit neuen Konzepten in der regionalen Vermarktung der Kontakt zwischen Landwirt:innen und Verbraucher:innen belebt.

aus der Praxis

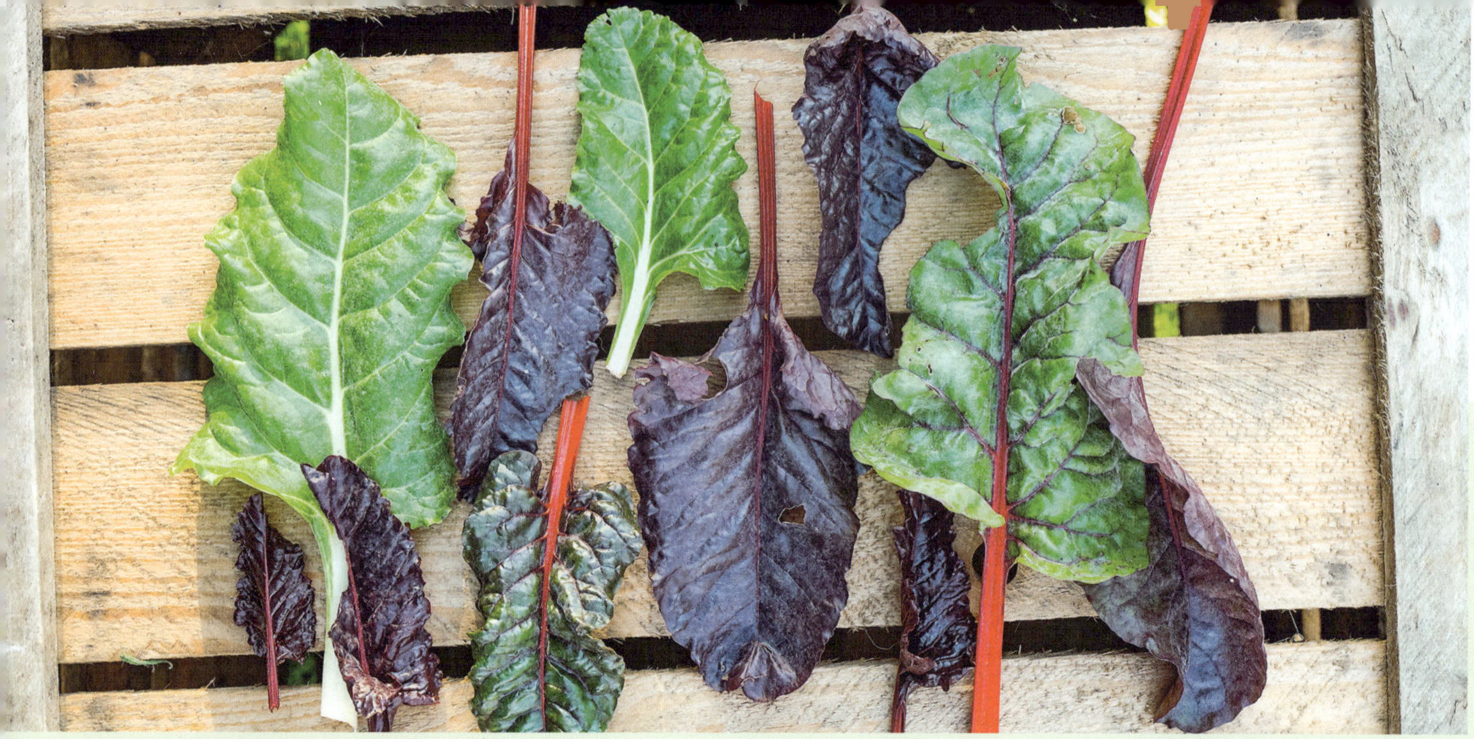

Susanne Balduff RUZ Schortens

vegetarisch

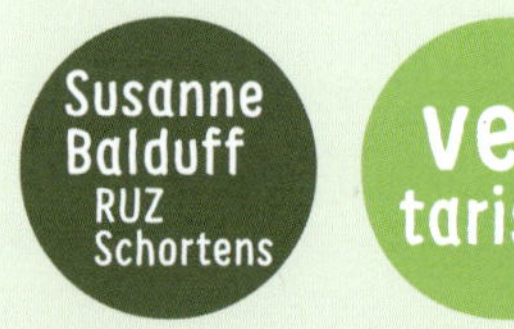

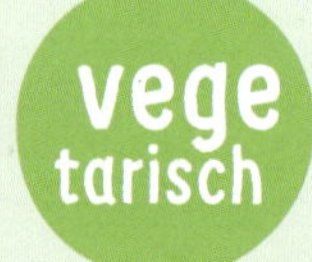

MANGOLD-WURZEL-RÖSTI

Zutaten für 4 Personen
1 Bund Schnittlauch
2 Stiele Mangold
150 g Möhren
150 g Petersilienwurzel
4 EL Dinkelvollkornmehl
2 Eier
½ TL Kräutersalz
½ TL Schabzigerklee
Etwas Pfeffer
Öl zum Anbraten

Mangold und Schnittlauch waschen. Den Mangold (auch die Stiele) in sehr feine Streifen schneiden. Den Schnittlauch in feine Röllchen schneiden. Beides in eine große Schüssel geben. Die Möhren und die Petersilienwurzel waschen, die Wurzel- und Stielansätze entfernen (nicht schälen, unter und in der Schale stecken jede Menge Vitalstoffe), auf einer Reibe fein reiben oder in der Küchenmaschine fein hacken und ebenfalls in die Schüssel geben.

Das Dinkelvollkornmehl und die Eier in einem Mixbecher verrühren und dazugeben. Die Masse leicht durchkneten und mit Kräutersalz, Schabzigerklee und Pfeffer würzig abschmecken.
Das Öl in einer Pfanne erhitzen und ca. 16 Rösti von jeder Seite 2–3 Minuten anbraten.

WAS IST SCHABZIGERKLEE?
Ein vielseitiges, wunderbar würziges Kraut, getrocknet oder gerebelt mit einem würzig-herben Aroma ähnlich dem Bockshornklee.

RUCOLA-KARTOFFEL-PLÄTZCHEN

Zutaten für 4 Personen

- 600 g Kartoffeln
- 20 g Butter
- 50 g Sonnenblumenkerne
- 1 Zwiebel
- Butter zum Andünsten
- 75 g Rucola
- 1 Ei
- 50 g Schmand
- 50 g Vollkornmehl
- ½ TL Kräutersalz
- 1 Messerspitze Pfeffer
- 1 Messerspitze Muskat
- Öl zum Anbraten

SUSANNE EMPFIEHLT
Gemüse in Bio-Qualität, um zum Erhalt der Artenvielfalt beizutragen. Auf ökologisch bewirtschafteten Äckern leben durchschnittlich doppelt so viele Tiere und Pflanzen wie auf konventionell bewirtschafteten Flächen.

Die Kartoffeln mit Schale kochen, leicht abgekühlt pellen, durch die Kartoffelpresse drücken oder stampfen und in eine große Schüssel geben. Die Butter dazugeben.

Die Sonnenblumenkerne in der Pfanne (ohne Öl) leicht rösten. Die Zwiebel schälen, in feine Würfel schneiden und in einer Pfanne in etwas Butter andünsten. Den Rucola waschen und fein schneiden.

Rucola, Zwiebel und Sonnenblumenkerne zusammen mit dem Ei, Schmand und Vollkornmehl zur Kartoffelmasse geben und mit Kräutersalz, Pfeffer und Muskat würzig abschmecken.

Aus der Masse kleine, flache Plätzchen formen und in einer Pfanne mit etwas Öl beidseitig goldbraun anbraten.

WILDKRÄUTER-OMELETTE

Zutaten für 1 Person

- 2 Handvoll Wildkräuter z. B. junge Blätter vom Giersch oder Brennnessel
- 3 Lauchzwiebeln
- 1 Zwiebel
- Blütenknospen vom vorjährigen Grünkohl
- 2–3 Eier
- 3 EL Milch
- 1 EL Öl
- Salz und Pfeffer
- Muskat
- 1 Handvoll Parmesan oder anderer Hartkäse

Ein sättigendes Essen für eine Person, aus dem Garten direkt auf den Tisch.

Lauch und Zwiebel klein schneiden, in einer Pfanne im Öl glasig dünsten, Blätter von Wildkräutern und Blütenknospen des Grünkohls dazugeben und bei niedriger Temperatur dünsten.

Die Eier mit der Milch verrühren, mit Salz, Pfeffer und Muskat würzen und dann über das Gemüse gießen, zum Schluss geriebenen Käse darüberstreuen.

Das Ganze mit geschlossenem Deckel 10–15 Minuten bei niedriger Temperatur garen lassen.

AGNES' TIPP

Die Brennnesseln kann man am besten mit Küchenhandschuhen ernten, vorzugsweise die oberen zwei Blattpaare. Von Giersch nehme ich nur die jungen Blätter. Dieses Jahr hatte ich noch drei Grünkohlpflanzen, die ostfriesische Palme, die viele Blütenansätze gebildet hatten. Diese schmecken roh auch sehr lecker und werden von unseren Enkelkindern gerne zwischendurch genascht.

STECKRÜBEN-SALAT

Zutaten für 4 Personen
400 g Steckrübe
2 Äpfel
Saft einer halben Zitrone
½ Bund Petersilie
200 g Schmand
3 EL Tomatenmark
1 EL Honig
½ TL Kräutersalz
Etwas Pfeffer
1 Handvoll Walnüsse als Topping

Die Steckrübe schälen, in große Stücke schneiden und in eine Schüssel raspeln. Die Äpfel waschen, vierteln, entkernen und ebenfalls in die Schüssel raspeln. Die Petersilie klein hacken und zusammen mit dem Zitronensaft untermischen.

Den Schmand mit Kräutersalz, Tomatenmark, Pfeffer und Honig in einem Mixbecher verrühren, abschmecken und unter den Salat heben.

Zum Schluss den Salat mit den Walnüssen garnieren.

SUSANNE EMPFIEHLT
beim Kauf Gemüse in Bio-Qualität. So werden das Bodenleben und die Bodenfruchtbarkeit gefördert. Dadurch leben im Boden viel mehr Mikroorganismen und z. B. viel mehr Regenwürmer. Der Boden ist weniger verdichtet und der Humusgehalt höher.

BUNTE WURZEL-CHIPS

Zutaten für ein Backblech

- Pastinake, mittelgroß
- Rote Bete, mittelgroß
- Petersilienwurzel, mittelgroß
- 3 EL Olivenöl
- Etwas Kräutersalz
- weitere Gewürze nach Belieben

SUSANNE EMPFIEHLT
Gemüse in Bio-Qualität zu kaufen, denn so erzielen Verbraucher:innen eine geringere Nitrat- und Pestizidbelastung im Grundwasser und natürlich auch in den Lebensmitteln.

Die gewaschenen und ungeschälten Wurzeln mit einem Messer oder Hobel in dünne Scheiben schneiden (je dünner, desto knuspriger werden die Chips), mit Salz bestreuen, vermengen und ca. 10 Minuten ruhen lassen. Salz entzieht Feuchtigkeit, sodass die Chips später schön knusprig sind.

Die Chips mit Wasser abspülen, mit Küchentüchern trocken tupfen und in einer Schüssel mit dem Olivenöl und dem Kräutersalz mischen.

Zum Schluss die marinierten Chips auf einem Backblech mit Backpapier verteilen (dabei sollten sie nicht übereinander liegen) und im vorgeheizten Ofen bei 175 Grad Umluft ca. 30 Minuten backen. Nach 15 Minuten die Chips wenden.

In einem geschlossenen Gefäß sind die Chips einige Tage haltbar.

EINGELEGTE SANDWICH-GURKEN

Zutaten für 2 große Weckgläser

- 400 g Zucker
- 400 ml Weißweinessig
- 1 Lorbeerblatt
- 10 g Bio-Senfsaat
- 5 g Bio-Kurkuma
- 5 g Schwarze Pfefferkörner
- 25 g Salz
- 1.000 ml Wasser
- 2.000 g Bio-Gurken

Zunächst die Gurken waschen und danach im Ganzen in Scheiben von 1 bis 2 Millimeter schneiden. Die geschnittenen Gurkenscheiben in einen Behälter geben, den man später luftdicht verschließen kann.

Die restlichen Zutaten in einen passenden Topf geben und einmal aufkochen lassen. Die heiße Flüssigkeit mit allen Gewürzen über die geschnittenen Gurken gießen und das Ganze mindestens 72 Stunden ziehen lassen. Danach für Salate, Sandwiches oder auch selbstgemachte Hamburger verwenden.

KNACKIG-FRISCHE WRAPS

Zutaten für 4 Personen

Für den Teig
- 100 g Dinkelvollkornmehl
- 100 g Buchweizenmehl
- 200 ml Sahne
- 200 ml Wasser
- ½ TL Salz

Für die Füllung
- 1 Handvoll Salatblätter
- 1 kleine milde Zwiebel oder Lauchzwiebel
- 1 kleine Möhre
- 1 kleine Paprika
- ½ Salatgurke
- 1 Handvoll frische Kräuter

Für das Dressing
- 5 EL Olivenöl nativ
- 2 EL Balsamico bianco
- ¼ TL Kräutersalz
- 1 TL Akazienhonig
- ½ TL Senf
- Etwas Pfeffer

SUSANNE EMPFIEHLT
ökologisch hergestellte Lebensmittel aus der Region, denn sie erhalten und schaffen Arbeitsplätze. So entstehen regionale Verarbeitungs- und Vermarktungsstrukturen.

Das Dinkelvollkornmehl und das Buchweizenmehl in einer Schüssel vermengen. Sahne, Wasser und Salz zugeben und alles mit einem Schneebesen zu einem glatten, fließenden Teig verrühren.

Etwas Teig in einer beschichteten Pfanne (ohne Fett) zu einem dünnen Fladen verstreichen und von beiden Seiten kurz anbacken.

Salate, Möhre, Gurke und Paprika waschen und in feine Streifen schneiden, die Zwiebel schälen und in feine Ringe schneiden (Lauchzwiebel waschen und in feine Röllchen schneiden). Die Kräuter waschen und fein hacken. Alle Zutaten für das Dressing in einem Mixbecher verrühren.

Je eine kleine Menge Gemüse, Salat, Kräuter und Zwiebeln in Form eines breiten Streifens in der Mitte eines Fladens verteilen und mit etwas Dressing übergießen. Ein Drittel des Fladens über ein Ende des Gemüsestreifens knicken und von einer Seite locker zusammenrollen.

Je nach Vorliebe und Saison lassen sich die Zutaten für die Füllung phantasiereich variieren. Auch Oliven und Schafskäse sind eine gute Wahl.

GEMÜSEBRÜHE

Instant-Würzlinge aus dem Gefrierfach

Zutaten

- 30 g Würzhefeflocken gibt's im Bioladen, im Reformhaus und auch in einigen Supermärkten
- 1 EL Zwiebelpulver
- 1 EL Knoblauchpulver
- 4 Wacholderbeeren
- 4 Lorbeerblätter
- 2 Stangen Staudensellerie oder 2–3 Frühlingszwiebeln, jeweils in Ringen
- 1 Karotte, ca. 100 g, ungeschält und gewürfelt
- 1 große Zwiebel, ca. 100 g, geschält und gewürfelt
- 4 Knoblauchzehen geschält und gewürfelt
- 1 Bund frische Petersilie oder ca. 30 g TK-Petersilie
- 30 g Rosinen, fein gehackt
- 25 g Meersalz oder Steinsalz
- 50 ml Sojasauce
- 6 EL Olivenöl

Hefeflocken, Zwiebelpulver, Knoblauchpulver, Wacholderbeeren und Lorbeerblätter im Mixer zu Pulver mixen. Es geht auch notfalls im Mörser, aber insbesondere die Loorbeerblätter sind ohne Mixer sehr schwierig zu zerkleinern.

Das Gemüse mit Petersilie und Rosinen im Mixer auf langsamer Stufe portionsweise zu einer grobkörnigen Paste verarbeiten. Alternativ einen Pürierstab verwenden. Nicht zu fein pürieren, da das Gemüse sonst matschig wird.

Gewürze und Gemüsepaste mit Salz, Sojasauce und Olivenöl in einer Schüssel gut vermengen und schon ist die Gemüsebrühepaste fertig.

Sie kann sofort verwendet werden, hält sich im Kühlschrank jedoch nur ca. 1 Woche.

Daher einfach die Paste in eine Eiswürfelform geben und über Nacht einfrieren. Dann portionsweise entnehmen und in einem Schraubglas oder einer Kunststoffdose einfrieren. Wer keine Eiswürfelform hat, kann die Paste auch in eine Kunststoffdose streichen, so dass sie etwa 1 ½ Zentimeter hoch ist. Nach dem Einfrieren dann mit einem Messer in Würfel schneiden und in derselben Dose oder einem Schraubglas wieder ins Gefrierfach legen.

AUF DIE SCHNELLE

2–3 Esslöffel oder 2–3 Eiswürfel der Gemüsebrühepaste in 1,5 Liter Wasser für ca. 10 Minuten köcheln lassen, um eine schnelle Gemüsebrühe herzustellen. Die Paste eignet sich jedoch auch hervorragend für das Würzen von Saucen oder Pfannengerichten.

BRATENSAUCE

Zero Waste

Zutaten

Gemüsereste

Beispielsweise Blumenkohlblätter, Kohlrabiblätter, Möhrenschalen, gereinigte Kartoffelschalen, saubere Schalen der Roten Bete, dickere Blätter von Grünkohl, Wirsing, Weißkohl oder Lauch, Stiele von Champignons, falls vorher nur die Köpfe verarbeitet wurden, …

Olivenöl oder ein anderes pflanzliches Öl zum Anbraten

Tomatenmark

Sojasauce

Wasser

Gewürze nach Belieben

Beispielsweise
1–2 Lorbeerblätter,
Nelken, Rosinen,
Salz, Pfeffer, Galgant,
Rauchsalz, Rauchpaprika,
Rosmarin, Thymian,
Bärlauch, Basilikum, Oregano,
Zuckerrübensirup,
1–3 TL Senf, …

Alle Gemüsereste klein schneiden (je kleiner, desto schneller geht das Anbraten). Natürlich können auch Nicht-Reste, also frisches Gemüse, für die Bratensauce verwendet werden. Ein paar frische Pilze sorgen jedenfalls immer für ein besonders kräftiges Aroma und auch eine frische, gewürfelte Zwiebel oder 1–2 Knoblauchzehen machen sich gut in der Sauce.

Das Gemüse in der größten verfügbaren beschichteten Pfanne oder einem großen Topf unter Rühren in etwas Öl anbraten. Und zwar ruhig ein wenig ansetzen lassen, damit sich Röstaromen entwickeln können. Den Bodensatz notfalls mit einem Schluck Wasser und einem Holzlöffel lösen.

Wenn das Gemüse schon etwas in sich zusammengefallen ist, in die Mitte der Pfanne oder des Topfes etwas Tomatenmark geben (ca. 2 Esslöffel je Kilogramm Gemüse) und ebenfalls unter Rühren für 2–4 Minuten anrösten.

Mit einem Schuss Sojasauce (oder Balsamessig) ablöschen, kurz weiterrühren und dann mit Wasser aufgießen. Das Gemüse sollte mit Wasser knapp bedeckt sein, damit es vor sich hin köcheln kann, ohne anzubrennen.

Jetzt die Gewürze nach Belieben und Gefühl hinzufügen (außer Salz!) und das Gemüse für ca. 15 Minuten leise köcheln lassen.

LINDAS TIPP

Oft werfen wir Gemüseschalen und -blätter einfach in den Biomüll, obwohl sie weder verfault noch verschimmelt sind. Kartoffel- und Möhrenschalen, grobe Außenblätter von Wirsing, Grünkohl & Co oder Blätter von Blumenkohl und Kohlrabi sind aber eigentlich viel zu schade zum Wegwerfen! Wenn man sie in einer Schüssel im Kühlschrank ein paar Tage lang sammelt, erhält man eine gute Basis für interessante Snacks und Gerichte.

Blumenkohl- und Kohlrabiblätter kann man wunderbar roh essen oder im Salat verarbeiten und aus Kartoffelschalen und Grünkohlblättern lassen sich in wenigen Minuten mit etwas Öl und Salz bei 220 Grad im Backofen sehr leckere, krosse Gemüsechips herstellen. Aber auch in einer Bratensauce kann man Gemüsereste super verwerten!

Ich verwende hier absichtlich keine Mengenangaben und lasse viel Spielraum für Improvisation, da es sich ja um Reste von vorhandenem Gemüse handelt und ich vermeiden möchte, dass jemand extra losfährt, um irgendeine Zutat einzukaufen.

Nach Ende der Kochzeit Gemüse und Kochwasser portionsweise in einem Mixer sehr fein zu einer Sauce pürieren. Alternativ funktioniert es auch mit einem Pürierstab, aber dann wird die Sauce erfahrungsgemäß etwas gröber.

Ist die Konsistenz zu dickflüssig, einfach mehr Wasser oder Gemüsebrühe hinzufügen, bis es passt. Abschließend mit Salz und gegebenenfalls weiteren Gewürzen abschmecken.

Die heiße Zero-Waste-Bratensauce kann sofort verwendet oder portionsweise in Schraubgläser (mit 1 Zentimeter Platz zum Deckel!) abgefüllt, verschlossen und nach dem Abkühlen eingefroren werden.

Variante: Um eine wandelbare Basis-Bratensauce zu erhalten, können die Gewürze auch erst ganz zum Schluss (beispielsweise erst nach dem Auftauen und Wiedererhitzen) hinzugefügt werden. Dann ist das Aroma vielleicht nicht ganz so intensiv, aber dafür kann je nach Stimmung oder Anlass die Geschmacksrichtung variiert oder die Bratensauce verfeinert werden, beispielsweise mit Curry, Kurkuma oder Preiselbeeren. Alles ist erlaubt.

BIOPRODUKTE AUS OSTFRIESLAND FÜR OSTFRIESLAND

Bioland-Hof Agena · Dreyer, Krummhörn

Nur knapp vier Kilometer trennen den Bioland-Hof Agena Dreyer vom Meer. Heutzutage sieht das Land, auf dem der Hof steht, selbstverständlich aus. Doch 1770 wechselten sich dort, wo heute Gemüse und Getreide in Bioqualität wachsen, in steter Regelmäßigkeit die Gezeiten ab. Dann wurde der Hagenpolder eingedeicht und dort um 1825 ein für die Region typischer Gulfhof errichtet. „Meine Frau und ich sind an der Ostsee in Ostholstein aufgewachsen, deswegen hat uns diese ausgesprochene Nähe zur Nordsee nicht geschreckt. Im Gegenteil", schmunzelt Heiko Dreyer.

Wenn immer mehr landwirtschaftliche Betriebe aufgeben, liegt das oft an fehlenden Nachfolgern. 1985 hatte Garrelt Agena den Betrieb seiner Eltern übernommen und einige Jahre später auf ökologische Land-

„Dafür belohnen uns unsere Äcker mit einer Fülle von Leben, die dort wächst und blüht und auch krabbelt und fliegt."

wirtschaft umgestellt. Doch die eigenen Kinder mochten nicht übernehmen und Agena suchte intensiv nach Menschen, denen er sein Lebenswerk, seinen Bioland-Hof, vertrauensvoll überlassen konnte. 2016 übergab er seinen Hof an Ines und Heiko Dreyer. Sie studierte Veterinärmedizin, er ist promovierter Agrarwissenschaftler. „Wir haben die Herausforderung gesucht und hier in der Krummhörn gefunden. Biolandwirtschaft ist sehr komplex und sehr arbeitsintensiv, aber, und das ist entscheidend, abwechslungsreich und vielfältig", erklärt Heiko Dreyer die gemeinsame Suche nach einem eigenen landwirtschaftlichen Betrieb.

„Böden ökologisch zu bewirtschaften, ist deshalb sinnvoll, weil es nachhaltig ist", begründet der Vater eines Sohnes. Und eben vielfältig: Auf einer Fläche von rund 250 Hektar werden unterschiedliche Kulturen wie Dinkel, Weizen, Hafer, Gerste, Roggen, Ackerbohnen, Klee sowie Kartoffeln und Möhren angebaut. Auf dem Gemüsefeld und in Foliengewächshäusern wachsen insgesamt rund 40 verschiedene Gemüsekulturen. Milchviehbetriebe in der näheren Umgebung kaufen auf dem Bioland-Hof Futter und die Mühle Erks in Horsten Getreide. Der eigene Hofladen lässt keine Wünsche offen und die Direktvermarktung wird samstags und montags auf dem Wochenmarkt in Norden nahezu perfektioniert. Zunehmend selbstverständlich ist mittlerweile der regelmäßige Bezug einer Abokiste, die online individuelle Bestellwünsche zulässt: „Ist das nicht ein toller Kreislauf", freut sich Heiko Dreyer, „wenn Lebensmittel dort gegessen und verarbeitet werden, wo sie wachsen? Für uns als Betrieb ist aber auch vorteilhaft, dass wir viele Verkaufswege bedienen und nicht von einem großen Kunden abhängig sind."

Abhängig sind sie aber auf alle Fälle vom Klima. Die Klimakrise lehrt Heiko Dreyer noch mehr Respekt vor der Natur: „Wir stellen auf unseren Flächen eine ausgesprochene Frühsommertrockenheit fest und selbst im Frühling schon für die Jahreszeit viel zu hohe Temperaturen. Im Winter fehlt der Frost und der ist sehr wichtig für die Bodenstruktur. Erstaunlich sind auch extreme Temperaturschwankungen und Starkregenereignisse. Dieser Regen kann dann ganze Kulturen zerstören."

Der ökologische Landbau mit seiner Vielfalt kann auf klimatische Veränderungen reagieren. „Wir sind offen für Veränderungen und sehr flexibel. Dafür belohnen uns unsere Äcker mit einer Fülle von Leben, die dort wächst und blüht und auch krabbelt und fliegt", lacht Heiko Dreyer dankbar.

Ostfriesische Trüffel

Die Geschichte des Deichbaus in Ostfriesland begann vor etwas mehr als 1.000 Jahren. Durch die Eindeichung entstanden Polder mit äußerst fruchtbaren Kleiböden. Darauf gedeihen vortrefflich Kleikartoffeln. Die lehmhaltigen Kleiböden verdanken dem Meeresboden einen hohen Kalk- und Nährstoffgehalt. Durch die permanenten Winde in Ostfriesland droht den tollen Knollen kein Schädlingsbefall. Die Kleikartoffeln, die Heiko Dreyer auf seinem landwirtschaftlichen Betrieb in der Krummhörn anbaut, schmecken nicht nur gut, sondern nach mehr: „Unsere Kleikartoffeln sind einfach die leckersten überhaupt. Sie schmecken einfach nach Heimat."

TRADITIONELLE GERICHTE

AUS DER REGION

GEMÜSE VOR DEM DEICH

Restaurant Zur Börse, Wremen

Strand-Dreizack, Salz-Dreizack oder Röhrkohl, jede dieser drei Bezeichnungen ist kaum noch geläufig. „Kennt kein Mensch mehr außer Botanikern", sagt Björn Wolters gut gelaunt, „dabei schmeckt Röhrkohl echt spannend. Einmal salzig. Ist ja auch klar, weil die Pflanze in den Salzwiesen wächst. Ich schmecke Koriander heraus. Und chlorig schmeckt er auch noch. Am liebsten esse ich ihn roh gleich hier in den Salzwiesen mit Blick aufs Meer." Keine Bange, beim Kochen verfliegt der chlorige Geschmack. Röhrkohl sieht aus wie Schnittlauch und blüht von Juni bis August. Gestochen wird er bis Juni.

Im Rahmen des Vertragsnaturschutzes auf privaten Flächen an der Wurster Küste wird die intensive Nutzung nach und nach zurückgeführt und die Salzwiesen werden extensiv bewirtschaftet. In diesem Zuge konnte Björn Wolters durch die Kooperation mit zwei Landwirten gestattet werden, den Röhrkohl in seinem Betrieb zu verwenden. Der Gastwirt des Restaurants „Zur Börse" in Wremen an der Nordseeküste verarbeitet den Röhrkohl zu verschiedenen Gerichten. Dazu zählt der klassische geschmorte Röhrkohl, aber auch Besonderheiten wie Pestos oder Suppen.

„Röhrkohl – einfach ausprobieren, schmeckt echt gut."

Das erste Gemüse des Frühjahrs diente traditionell ärmeren Küstenbewohner:innen als Nahrung. Der Koch Björn Wolters verarbeitet die Salzpflanze roh, in Quark oder in einem Kartoffel-Röhrkohl-Reibekuchen. „Einfach ausprobieren, schmeckt echt gut", schlägt er vor. Allerdings ist es nur Bürger:innen der Gemeinde Wurster Nordseeküste im Landkreis Cuxhaven als traditionelle Nutzungsform gestattet, für die eigene Küche Röhrkohl zu stechen. Diese Einschränkung gilt deshalb, da zu einem aus einem Nationalpark nichts entnommen werden darf und des Weiteren der Strand-Dreizack in der Roten Liste der gefährdeten Farn- und Blütenpflanzen Deutschlands in die Vorwarnliste aufgenommen wurde. Wer also verarbeiteten Röhrkohl kennenlernen möchte, dem bleibt nichts anderes übrig, als ins Restaurant „Zur Börse" zu Björn Wolters und seiner Frau Inge, welche als gelernte Bäckerin und Köchin seit 1998 den Service leitet, zu gehen.

Björn Wolters ist in Bremerhaven geboren und in Midlum auf dem elterlichen landwirtschaftlichen Betrieb aufgewachsen. Sein Zwillingsbruder hat den Hof übernommen. Von Kindesbeinen an ist er es gewohnt, regionale Lebensmittel zu essen und damit zu arbeiten. Seine Eltern bauten Getreide an, sie hielten Schweine, Enten und Hühner und vermarkteten ihre Produkte selber. „So war das damals. Der Hof hat uns alle ernährt. Und von daher weiß ich, dass alles, was ich hier in der Region an Lebensmitteln bekommen kann, das Beste ist", erklärt Wolters. Und ergänzt: „Das Beste für Mensch und Natur. Ich kenne alle meine Lieferanten für die Küche meines Restaurants seit Jahren persönlich." Seine Mutter hat im Garten einen uralten gelben Kirschbaum stehen, Ehepaar Wolters pflückt Hagebutten und Blaubeeren, sammelt Maronen, Steinpilze, Weidenchampignons und Perlpilze. Die Produkte der Region sind in der Küche von Wolters ein Spiegelbild der Jahreszeiten.

„Zur Börse" besteht als Gebäude seit sage und schreibe 1720. Nicht nur das ist besonders: Es ist seit mehr als 300 Jahren durchgängig als Gaststätte betrieben worden. Auf Auszeichnungen legt Björn Wolters Wert: Ob Guide Michelin, Euro-Toques, Slowfood oder die Rangliste deutscher Restaurants, sie sind ein kleiner Anreiz für ihn, auf dem richtigen Weg zu sein. „Wir kochen von jeher regional. Dass wir ein ganzes Tier verarbeiten, ist für uns selbstverständlich."

Die Küste rechts der Wesermündung versorgt seine Bewohner:innen: „Eigentlich, du musst das nur wissen und natürlich genau hinschauen", sagt Björn Wolters, „wir an der Wurster Nordseeküste haben hier die Marsch, die Geest, das Meer und auch noch das Moor. Das sagt schon alles."

Wurster Küste

Zu Tisch bei Björn Wolters

BJÖRN, WARUM MACHST DU DIESE ARBEIT?
Aus Leidenschaft und Überzeugung.

WELCHEN ALTEN, REGIONALEN OBST- ODER GEMÜSESORTEN BIST DU ZULETZT BEGEGNET?
Gelbe Bete und Ringel-Bete.

WELCHE THEMEN SIND DEINE IN DER KÜCHE?
Die Themen sind abhängig von der Jahreszeit beziehungsweise Saison. Zum Beispiel: Wild im Herbst/Winter, Spargel im Frühjahr.

WIE LAUTET DEINE LOKALE ANTWORT AUF DIE KLIMAKRISE?
Ich finde, man sollte mehr auf regionale Produkte aufmerksam machen, sodass diese mehr konsumiert und die Landwirte unterstützt werden. Das führt langfristig gesehen zu kürzeren Lieferwegen, wodurch die Umwelt weniger belastet wird.

WIE IST DEINE VISION?
Meine Vision ist, dass jeder sowohl im privaten Haushalt als auch beim Restaurantbesuch bewusst regionale Produkte verarbeitet, sodass diese mehr konsumiert werden – anstatt auf Fertigprodukte aus dem Ausland zurückzugreifen.

Regionale Produkte sollten also stetig weiter produziert, verkauft und verarbeitet werden, wodurch die Existenz aller Beteiligten gesichert bleibt und dem Klimawandel auf lange Sicht entgegengewirkt wird.

RÖHRKOHL-KARTOFFEL-REIBEKUCHEN

mit Sauerrahm

Zutaten für 4 Personen

Für den Reibekuchen
1.000 g Kartoffeln
2 Eier
Salz, Pfeffer
300 g Röhrkohl

Für den Sauerrahm
200 g Sauerrahm
Salz, Pfeffer
Zitrone, ausgepresst
etwas Zucker

Optional zum Garnieren
200 g Krabbenfleisch
50 g Röhrkohl

Die Kartoffeln waschen, schälen und raspeln. Den Röhrkohl waschen und klein schneiden (wie Schnittlauch). Den geschnittenen Röhrkohl zu den geraspelten Kartoffeln geben, mit Ei vermengen und mit Salz und Pfeffer abschmecken. Vorsichtig mit dem Salz, da der Röhrkohl schon einen intensiven Meersalz-Geschmack hat. Kleine Reibekuchen in der Pfanne mit Pflanzenfett goldbraun ausbacken.

In der Zwischenzeit:
Den Sauerrahm mit den Gewürzen und dem Zitronensaft glatt rühren. Den geschnittenen Röhrkohl unter die Sauerrahmmasse heben. Wer es gehaltvoller mag, kann ein paar Krabben dazugeben. Zum Garnieren ein paar Krabben und geschnittenen Röhrkohl zurückbehalten.

Die Reibekuchen auf einem Küchenkrepp etwas abtropfen lassen und auf dem Teller mit dem Sauerrahm anrichten.

Zum Thema Krabben siehe auch Infobox Krabbenfischerei auf Seite 87.

GESCHMORTER RÖHRKOHL

mit Tafelspitz und Meerrettichsauce

Zutaten für 4 Personen

Für den Tafelspitz
800 – 1.000 g Tafelspitz
300 g Wurzelwerk (Sellerie, Karotten)
200 g Zwiebeln in der Schale
1 Stange Lauch

Für den Röhrkohl
750 – 1.000 g Röhrkohl, geputzt
50 g Zwiebeln, gewürfelt
Etwas Fett / Öl
1 TL Körner-Senf

Für die Meerrettichsauce
50 g Butter
70 g Mehl
700 ml Brühe vom Tafelspitz
300 ml Sahne
Salz, Pfeffer
Frisch geriebener Meerrettich

250 g geschälte Kartoffeln

Tafelspitz mit Wasser aufsetzen und zum Kochen bringen und ca. 2 Stunden leicht köcheln lassen. 1 Stunde vor dem Garende Sellerie, Karotten, Zwiebeln und die Stange Lauch zum Tafelspitz geben. Die Kartoffeln schälen und ca. 20 Minuten in Salzwasser garen.

Röhrkohl putzen, dabei mehrmals gut waschen und in ca. 2 Zentimeter große Stücke schneiden, die Zwiebelwürfel in Fett anschwitzen, Röhrkohl dazugeben und anschwitzen, ohne dass er dabei Farbe bekommt. Senf dazugeben und mit Pfeffer abschmecken (kein Salz), mit Brühe vom Tafelspitz ablöschen und ca. 1 bis 1½ Stunden köcheln lassen.

Mit Butter und Mehl eine Mehlschwitze herstellen. Brühe nach und nach einrühren. Danach die Sahne unter ständigem Rühren dazugeben. Zum Schluss den geriebenen Meerrettich dazugeben (gegebenenfalls nachschmecken).

ES IST ANGERICHTET

Tafelspitz aufschneiden. Röhrkohl auf eine tiefe Platte geben und den Tafelspitz darauf anrichten. Salzkartoffeln und Meerrettichsauce separat reichen.

NATUR, KULTUR UND KÜCHE

NAKUK – Das Friesische Landhotel, Horumersiel

Als die junge Familie Fuchs das Friesische Landhotel NAKUK in Horumersiel übernahm, wurde sie sich mit Küchenchef Matthias Trittel schnell über das Konzept ihrer Gastronomie einig: Omas Rezepte regional interpretiert. Und der Küchenchef legte los. Heißt im Klartext, Eier und Kartoffeln gedeihen in Altgarmsiel, elf Kilometer entfernt. Marsch Beest aus Neßmergrode, die 47 Kilometer entfernt auf den Salzwiesen zwischen der Nordsee und dem Deich weiden, also zwischen dem Watt und den Dünen. Geschlachtet werden die Rinder 27 Kilometer entfernt in Marienhafe.

„Wir leben mit, in und von der Region."

„Unser Handeln orientiert sich an einem respektvollen Umgang mit den natürlichen Ressourcen. Unsere Welt ist nur geliehen", betont Hotelier Christian Fuchs. „Wir leben mit, in und von der Region und den Menschen, die hier leben, produzieren und uns beliefern", führt der gelernte Hotelfachmann aus, der schon viele Regionen Europas kennengelernt hat, „und genau nach dieser Philosophie werden bei uns die Entscheidungen getroffen."

Dass beide, Constanze und Christian Fuchs, für diese Freiheit über ein ausgesprochenes Durchhaltevermögen verfügen müssen, versteht sich. Schon alleine der Start nach der Übernahme im Januar 2020 war holperiger als geplant. Nach 77 Tagen kam der erste Corona-Lockdown. „Aufgeben ist keine Option für uns", trotzen beide den Umständen und werfen gleich ein „Nu eerst recht!" hinterher. Hinter den beiden steht ein starkes und handverlesenes Team, das dem NAKUK seinen einzigartigen Charakter verleiht.

„Im NAKUK erlebt man nicht den schnelllebigen Mainstream. Das verspricht schon der Name", sagt Fuchs. „Der steht für NAtur, KUltur und Küche!" Hier tickt ein anderer Zeitgeist und das ist gewollt und wird von den Gästen sehr begrüßt. Für manche skandalös: Im Haus gibt es kein WLAN. Und beim Essen im Restaurant oder auf der Terrasse liegt auch nach mehreren prüfenden Blicken kein Smartphone auf dem Tisch. Dieses Landhotel als Haus der Ruhe zu bezeichnen, ist für Christian Fuchs eine Auszeichnung der höchsten Güte. Da kann kein Stern mithalten.

So selbstverständlich die friesische Luft die Wäsche trocknet, so selbstverständlich kommt Ehepaar Fuchs kein Wort des Klagens über den sogenannten Fachkräftemangel über die Lippen. Unter den 14 arbeitenden Menschen aus fünf Nationen sind zwei Auszubildende. Eine mehr als stattliche Ausbildungsquote. In Horumersiel am Hohenser Tief ist jedes Teammitglied Spezialist:in auf seinem Gebiet und Generalist:in im Betrieb. Eben noch im Frühstücksservice, jetzt beim Bettenmachen. „Jeder hier hat eine Jobgarantie, solange man flexibel bleibt", meint der Chef.

„Da spürst du, du lebst. Und darauf kommt es doch an."

„Lieber erreichen wir zusammen mehr, als alleine zu wenig", ist ein weiteres Motto der Füchse. „Wir motivieren unsere Gäste schon bevor sie bei uns sind, mit dem öffentlichen Personen-Nahverkehr anzureisen. Mit dem Zug nach Wilhelmshaven, von dort nach Horumersiel fährt der Bus und das Taxi zu uns subventionieren wir", erklärt Christian Fuchs. Ehepaar Fuchs nimmt für sich in Anspruch, Gäste vor Ort für das Fahrrad zu sensibilisieren: „Es liegt an uns allen zum Schutz und Erhalt des Weltnaturerbes Wattenmeer beizutragen. Und für Stadtmenschen ist es ein Erlebnis, gegen den auflandigen Nordseewind anzuradeln. Da spürst du, du lebst. Und darauf kommt es doch an."

Zu Tisch bei Christian Fuchs

CHRISTIAN, WARUM MACHST DU DIESE ARBEIT?
Mein Beruf ist meine Berufung. Was ich tue, ist etwas für Körper, Geist und Seele. Der Umgang mit so vielen unterschiedlichen Menschen mit so vielen individuellen Geschmackern und dem gleichen Wunsch nach Erholung und Genuss birgt für mich Faszination und reizt mich in meiner Profession.

WANN BIST DU ZULETZT ALTEN, REGIONALEN OBST- ODER GEMÜSESORTEN BEGEGNET?
Regionales steht bei uns täglich auf der Speisekarte, auch alte Gemüsesorten. Und unter unseren 16 Apfelbäumen finden sich wahre „alte" Schätze. Genau die machen unseren eigenen Apfelsaft auch so charakterstark im Geschmack. Da schmeckt keine Flasche wie die andere.

WELCHE THEMEN SIND DEINE IN DER KÜCHE?
Wir haben nur zwei: „Omas Rezepte regional interpretiert" und „Basisch".

WIE LAUTET DEINE LOKALE ANTWORT AUF DIE KLIMAKRISE?
Unsere Antwort steht schon in der Tür. Es liegt an uns allen, unseren Beitrag dazu zu leisten, dass unsere Enkel nicht mit dem Ergebnis unserer Ignoranz umgehen müssen.

WIE IST DEINE VISION?
Unser aller Handeln muss sich wieder an einem respektvollen Umgang mit den natürlichen Ressourcen orientieren. Unsere Welt ist nur geliehen. Wir werden wieder lernen müssen, langsam zu gehen, gut zuzuhören und soziale Werte hochzuhalten. Etwas weniger digital, etwas mehr normal und ganz viel sozial täte der Menschheit gut.

WUDDELDICK

Herzhafter Eintopf mit Möhren und Kartoffeln

Zutaten für 6 Personen

- 1.000 g Möhren, gewürfelt
- 500 g Kartoffeln, gewürfelt
- 3 Zwiebeln, gewürfelt
- 375 ml Gemüsebrühe
- 200 g Schinkenwürfel
- 6 Kochwürste
- Salz und Pfeffer
- Petersilie

Oder als vegane Variante

- 200 g Räuchertofu, gewürfelt
- 6 vegane Kochwürste
- Etwas Rauchsalz

Apfelmus

Wuddeldick ist ein echter Klassiker der norddeutschen Küche. Hinein kommt, was auf dem Hof wächst:

Zwiebeln und Schinken/Räuchertofu in Butter oder Öl andünsten. Die Möhren und Kartoffeln dazugeben und weitere 5 Minuten andünsten. Mit der Gemüsebrühe ablöschen, die Kochwürste obenauf legen und ca. 1 Stunde köcheln lassen. Nach Ende der Garzeit die Würste in Scheiben schneiden und unter den Eintopf heben. Mit Salz und Pfeffer würzen. Mit Petersilie bestreut servieren.

Traditionell wird das Wuddeldick mit Apfelmus gegessen, der herzhafte Eintopf und die süßsaure Frische der Äpfel passen herrlich zusammen!

TIPP AUS DER KÜCHE

Apfelmus selbst kochen ist ganz einfach. Äpfel schälen und kleinschneiden, mit einem Schluck Wasser aufkochen und köcheln lassen, bis die gewünschte Konsistenz erreicht ist. Nach Geschmack mit etwas Zucker süßen oder pur genießen!

GRÜNKOHL

Zutaten für 6 Portionen
1.500 g frischer Grünkohl
2 Zwiebeln, gewürfelt
3 EL Schmalz
700 g Kasseler in Scheiben
300 g Bauchspeck (Dörrfleisch) in 6 Stücken
6 Kochwürste (Mettenden)
1.200 g Kartoffeln, z. B. Belana
ca. 500 ml Brühe

Den Grünkohl putzen, kleinschneiden und blanchieren. Zwiebeln in Schmalz anschwitzen, den Grünkohl dazugeben und weiter anschwitzen (Grünkohl fällt zusammen, ähnlich wie Spinat), dann die Brühe angießen, Dörrfeisch dazugeben und alles zusammen gut 1 Stunde simmern lassen. Jetzt die Würste zugeben und mitkochen, dabei reduziert sich die Flüssigkeit und durch die „Fettabgabe" wird der Grünkohl zarter. Kurz vor Schluss den Kasseler im Grünkohl erwärmen. Kartoffeln wie üblich garen. Grünkohl mit etwas Salz, Pfeffer und Muskat abschmecken.

Der Wikinger-Senf mit Bärlauch und Senfblütenhonig aus Uli's Senfmanufaktur passt perfekt dazu. Die leichte Süße rundet das Grünkohlaroma ab.

GRÜNKOHL

vegan und Zero Waste

Zutaten für 4 Personen
300 g frischer Grünkohl
500 g Kartoffeln
2 große Möhren
2 Zwiebeln
2–3 Knoblauchzehen
200 g fester Naturtofu (Bio)
1.500 ml milde Gemüsebrühe
200 g gekochte Lieblingslinsen oder Bohnen
Etwas Pflanzenöl zum Braten
2 EL Sojasauce (Bio) mit 1 TL Zucker verrührt
2–3 TL getrocknete grüne Lieblingskräuter (z. B. Liebstöckel, Bohnenkraut, Rosmarin, Thymian, Basilikum)
Salz, Pfeffer

LINDAS TIPP 1
Wenn der Tofu weggelassen wird, ist das Rezept komplett regional und verpackungsfrei kochbar. Allerdings macht der Tofu die besondere Note dieses Grünkohlgerichtes aus.

LINDAS TIPP 2
Rote Linsen oder Tellerlinsen müssen nicht unbedingt vorgekocht werden, da sie aufgrund ihrer kurzen Garzeit auch direkt im Eintopf gekocht werden können.

Zero-Waste-Grünkohleintopf mit Hülsenfrüchten und drei Minirezepte

Den Grünkohl waschen, **die harten Stiele herausschneiden**[1] und die Blätter sowie die weichen Stiele grob hacken. **Die Kartoffeln schälen**[2] und in Würfel schneiden. **Die Zwiebeln schälen**[3] und fein würfeln. Den Naturtofu kurz mit einem Tuch abtrocknen und ebenfalls in Würfel schneiden. Den Knoblauch schälen und in feine Scheiben schneiden. Die Möhren müssen nicht geschält werden, wenn sie Bioqualität haben und von Schmutz befreit wurden. Sie werden lediglich in Scheiben oder Würfel geschnitten.

Die Tofuwürfel in einer beschichteten Pfanne im Öl scharf anbraten, sodass sie von allen Seiten leicht gebräunt sind und sich Röstaromen entwickeln konnten. Dann die gezuckerte Sojasauce in die heiße Pfanne gießen und mit einem Holzlöffel kurz rühren, damit der Tofu von allen Seiten eine karamellisierte Kruste erhält. Dann direkt die Pfanne von der Herdplatte nehmen.

In einem Topf die Zwiebeln in etwas Öl glasig dünsten. Die Hälfte der Tofuwürfel hinzugeben, kurz mitbraten und dann die Gemüsebrühe angießen. Kartoffeln, Möhren und grüne Kräuter hinzugeben und ca. 8 Minuten köcheln lassen.

Nun den Grünkohl mit in den Topf geben (und die Linsen, falls sie nicht vorgekocht waren) und weitere 15 Minuten köcheln lassen. Wenn vorgekochte Linsen oder Bohnen verwendet werden, reicht es, sie erst ganz zum Schluss zum Erwärmen in den Eintopf zu geben. Abschließend mit Salz und Pfeffer abschmecken.

Beim Anrichten die restlichen Tofuwürfel als Topping über den Eintopf streuen und gerne ein paar frische Kräuter oder essbare Blüten aus dem Garten.

Reste verwertung

Mit diesen drei kleinen Gerichten können Reste verwertet werden.
So wird Abfall vermieden – Zero Waste.

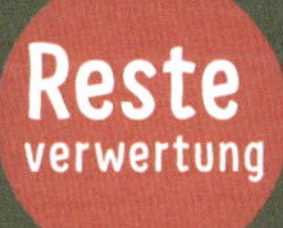

1 Grünkohl-Smoothie

Die harten Stiele des Grünkohls sind für den Eintopf nicht so gut geeignet, lassen sich jedoch mit einem starken Mixer wunderbar gemeinsam mit Äpfeln, Birnen, Nüssen, Minze und etwas Wasser zu einem gesunden und leckeren Smoothie verarbeiten.

2 Kartoffelschalen-Chips

Kartoffelschalen können, wenn sie gewaschen sind, mit etwas Olivenöl und Gewürzen (zum Beispiel Paprika, Salz und Knoblauch) vermengt werden, um dann auf einem Backblech ausgebreitet bei 200 Grad in 10 Minuten zu Chips gebacken zu werden. Die Zubereitung dieses gesunden Snacks bietet sich jedoch nur an, wenn der Backofen für ein anderes Gericht gerade in Betrieb ist. Ihn nur für ein paar Chips aufzuheizen, wäre nicht nachhaltig.

3 Zwiebelschalensud

Zwiebelschalen kann man aufbewahren, um dann mit einer größeren Menge einen Zwiebelschalensud zu kochen, der sich als Basis für eine Gemüsebrühe verwenden lässt.

ost friesische Palme

für kalte Tage

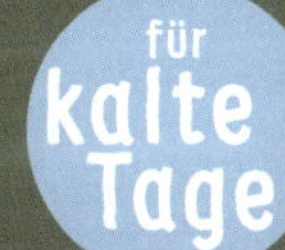

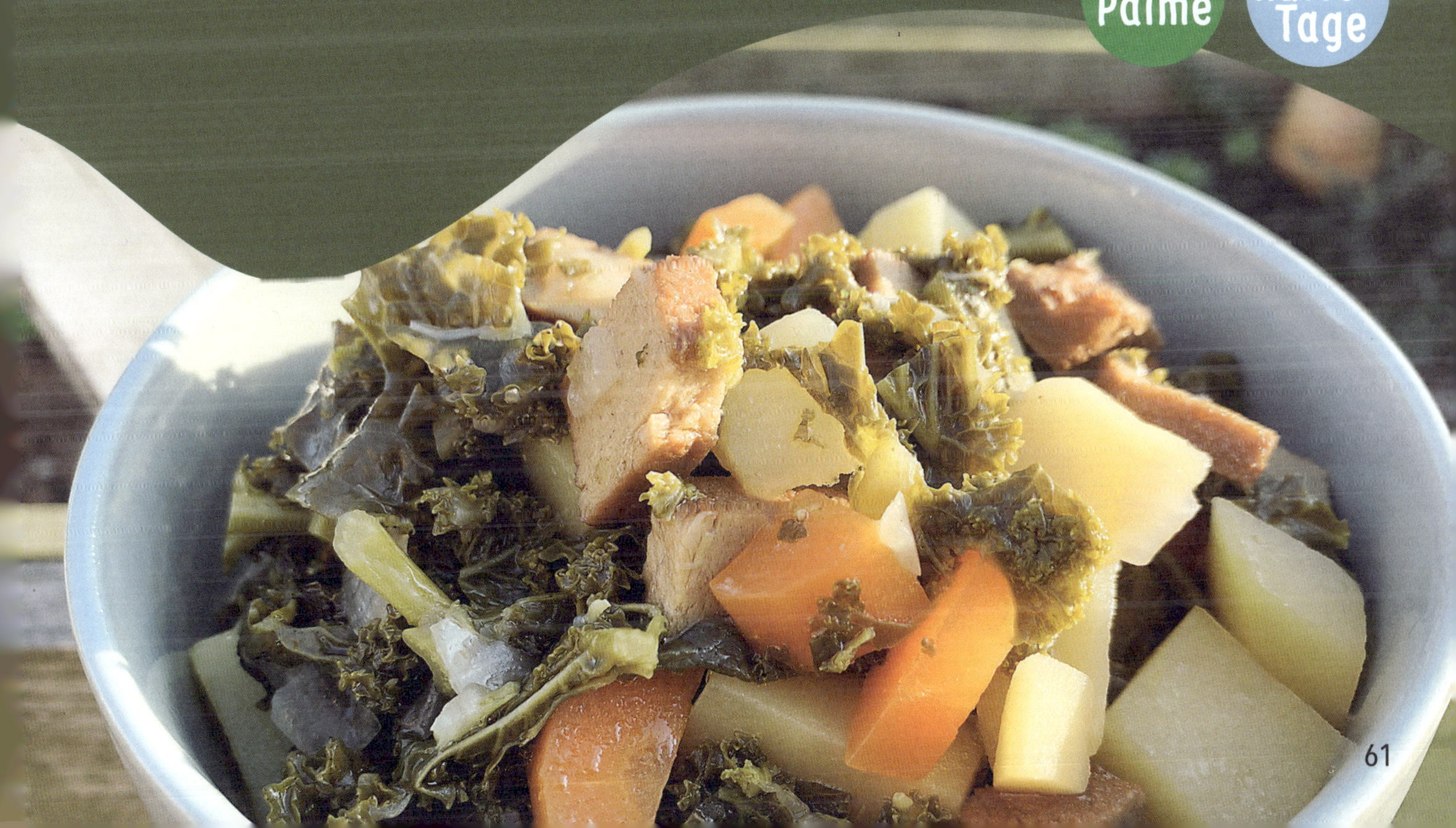

BIOLOGISCHES SAATGUT

Dreschflegel e. V., Rhauderfehn

Sie heißen Ostfriesische Palme, Lerchenzunge oder Holter Palme und sind in Vergessenheit geraten. Durchgesetzt hat sich allein Winnetou. Einerseits ein echtes Trauerspiel, andererseits eine erbauliche Erfolgsgeschichte über erfolgreichen Widerstand. Doch der Reihe nach.

Bis in die 70er Jahre des vergangenen Jahrhunderts waren Nutzgärten in Ostfriesland regelrecht Standard. Sie dienten nicht der Muße, sondern rein der eigenen Versorgung mit Lebensmitteln: „Doch seitdem wurden Lebensmittel preislich immer günstiger angeboten und die Menschen sind aus rein pragmatischen Gründen vom Garten weggekommen“, erklärt Reinhard Lühring aus Rhauderfehn im ostfriesischen Landkreis Leer. Der Landwirt, der Saatgut vermehrt, bedauert, dass „mit den Gemüsegärten dann auch die alten Kulturpflanzen verloren gegangen sind, wie ohne Ende Grünkohlsorten, Bohnen, Zuckererbsen und Schalotten etwa. Damals starb auch ein Stück ostfriesische Identität.“

Rhauder fehn

„Damals starb auch ein Stück ostfriesische Identität.“

Übrig gelassen hat die Industrie einzig die Hybridzüchtung Winnetou. Doch Reinhard Lühring wollte die Einfalt auf dem Teller nicht länger akzeptieren und sucht seit 1999 in Ostfriesland sehr erfolgreich nach alten Sorten. Mehr als 200 von ihnen hat er im Laufe der Jahre in den Gärten vorwiegend älterer Menschen vor dem endgültigen Verschwinden bewahrt. „Hätte ich doch nur zehn Jahre früher mit der Suche begonnen. Nirgendwo sonst in Deutschland sind so viele Gemüsesorten gefunden worden. Jede Familie hatte wohl früher ihre eigene Grünkohlsorte im Garten“, sagt der gebürtige Ostfriese mit einem entschiedenen Blick, aber auch mit Wehmut in der Stimme.

80 Sorten Gemüse, Kräuter und Blumen vermehrt Reinhard Lühring regelmäßig und verkauft dieses Biosaatgut überwiegend an Privatleute. Weitere 18 gärtnerische Biobetriebe vermehren wie er biologisches Saatgut samenfester Sorten.

Saaten weiterzugeben geschah in früheren Zeiten über den Gartenzaun. Heutzutage passiert dies online. „Durch Corona ist die Nachfrage durch die Decke geknallt. Der riesige Schritt von immer mehr Menschen auf den Balkon oder in den Garten hat für mich etwas sehr Natürliches, denn der Mensch an sich vermisst die Natur", erklärt Lühring, auf einem Feld zwischen hochgewachsenen Grünkohlpflanzen stehend.

Reinhard Lühring wurde auf einem Milchviehbetrieb groß. Nach der Ausbildung zum Landwirt war ihm klar: „Pflanzen sind einfach mein Ding. Schnell war mir auch klar, dass ich schmackhafte Sorten retten wollte, um ein kleines bisschen dabei zu helfen, die Gemüsevielfalt in Deutschland zu erhalten. Mir leuchtet bis heute nicht ein, dass die Industrie weltweit bestimmt, was bei uns auf den Teller kommt."

Ostfriesische Palme, Lerchenzunge oder Holter Palme – jede Sorte schmeckt anders

Die Geschichte der Menschheit stecke für ihn auch im Gemüse, die alten Sorten seien ein lebendiger Kulturschatz mit unterschiedlichen Geschmacksrichtungen. Von allen von ihm wiederentdeckten Sorten spricht er voller Hochachtung, denn sie alle seien besonders. Ein Beispiel: „Der Grünkohl hat seine beste Zeit im November/Dezember, wenn der Wind fies weht, es saukalt ist und der Nieselregen eklig runterkommt. Wer außer dem Grünkohl weiß diese Jahreszeit so zu schätzen? Eben."

Die vermeintlich moderne Industriegesellschaft ist auf Selbstversorgung längst nicht mehr angewiesen. Dabei ist die Vielfalt unserer Kulturpflanzen sang- und klanglos verschwunden. Doch die Blätter der Ostfriesischen Palme, der Lerchenzunge oder der Holter Palme kräuseln sich unterschiedlich und sie schmecken auch anders. Reinhard Lühring vertraut dem Bewährten, den Pflanzen, von denen er weiß, dass sie schmecken: „Im Schatten der Ostfriesischen Palme können wir zwar nicht unter südlicher Sonne lustwandeln, aber dafür erfreut uns ihr Grün den ganzen Winter hindurch."

INFO BOX

Planetary Health Diet

Iss, was um die Ecke wächst.
Planetary Health Diet: Der Speiseplan für die Zukunft schützt die Gesundheit des Menschen und berücksichtigt die Ressourcen des Planeten. Die Deutschen müssten demnach doppelt so viel Obst und Gemüse, Hülsenfrüchte und Nüsse essen und nur noch halb so viel Fleisch und Zucker. Sich derart gesund und umweltgerecht zu ernähren, hat zur Folge, dass auch die Produktion von Lebensmitteln sich an den natürlichen Bedürfnissen ausrichtet. Die Abfälle von Lebensmitteln verringern sich erheblich. (EAT-Lancet-Kommission 2019)

INFO BOX

Regio Challenge

Regio Challenge: Die Spielregeln sind recht einfach. Sieben Tage nur die Lebensmittel essen und trinken, die in Entfernung einer Radtour gewachsen oder verarbeitet worden sind. Und weil das ein Spiel ist, gibt es zwei Joker. Zum Beispiel Kaffee oder Kakao oder Pfeffer. Die Herausforderung ist tatsächlich, eine Woche ohne liebgewordene Gewohnheiten wie Orangen, Zitronen oder Olivenöl auszukommen. Dafür gedeiht die Perspektive auf das, was um die Ecke wächst.

UPDRÖGT BOHNEN

Aufgetrocknete Bohnen

Zutaten

- 500 g Bohnen
- 300 g luftgetrockneter durchwachsener Speck
- 4 Kochmettwürste
- 1.000 ml Wasser oder Brühe
- 750 g Kartoffeln
- Salz und Pfeffer

Die Bohnen waschen, klein schneiden und über Nacht in kaltem Wasser einweichen. Am anderen Tag abgießen und zusammen mit dem Speck ca. 2 Stunden kochen. ½ Stunde vor dem Ende der Kochzeit die gewürfelten Kartoffeln und Mettenden zugeben und mitkochen. Danach das Fleisch herausnehmen und das Gemüse durchstampfen, mit Salz und Pfeffer abschmecken. Speck in Scheiben schneiden, mit den Würstchen zum Gemüse reichen.

Ein Gericht, das man so nur in Ostfriesland kennt

GRAUE ARVTEN MIT SPECKFETTEN

Graue Erbsen mit Speck

250 g graue Erbsen, 250 g fetten Speck, 2 große Zwiebeln, 40 g Butter (Margarine) Salz.

Zutaten

- 250 g graue Erbsen
- 250 g fetter Speck
- 2 große Zwiebeln
- 40 g Butter oder Margarine
- Salz

Erbsen waschen und über Nacht in kaltem Wasser einweichen. Dann in Salzwasser 2 bis 2 ½ Stunden langsam garen lassen. Speck in kleine Würfel schneiden, die Zwiebeln abziehen, in Scheiben schneiden, alles zusammen dann in Butter (Margarine) schön braun braten. Sind die Erbsen gar, diese Speck-Zwiebelsoße darübergießen. Die Erbsen dürfen noch etwas nass sein. Dazu isst man Salzkartoffeln.

250g bunte Bohnen, 2 Zw
je nach Größe 5–10 Stk., 5
1 Beinscheibe vom Rind, Sal

INSETTBOHNEN

Schnippelbohnen gesalzen

Zutaten
750 g Schnippelbohnen
500 g luftgetrockneter durchwachsener Speck
4 Mettenden
500 g Kartoffeln
Ca. 1.000 ml Wasser oder Brühe
Salz und Pfeffer

Die Schnippelbohnen waschen und in kaltem Wasser aufkochen, danach abgießen. Mit frischem Wasser aufsetzen, den Speck zugeben und 1½ Stunden kochen lassen. ½ Stunde vor dem Ende der Garzeit die Mettenden und die Kartoffelwürfel zugeben. Ist alles gar, Fleisch und Wurst rausnehmen, warm stellen, das Gemüse etwas durchstampfen, abschmecken (aber vorsichtig mit dem Salz!), Speck schneiden und auf Teller anrichten.

Guten Appetit!!

BOHNENSOPP

typisch ostfriesisch

Alte Rezepte

Ostfriesische Bohnensuppe

Zutaten
250 g bunte Bohnen
2 Zwiebeln
1 Stange Porree
5–10 Kartoffeln, je nach Größe
5 mittelgroße Möhren
Petersilie
1 Beinscheibe vom Rind
Salz und Pfeffer

Bohnen waschen und über Nacht in kaltem Wasser einweichen. Die Beinscheibe zu den Bohnen in dem Einweichwasser legen, auf etwa 2 Liter Wasser auffüllen und 1½ Stunden kochen lassen. Ca. ½ Stunden vor dem Kochzeitende die kleingeschnittenen Möhren, Zwiebeln, Kartoffeln sowie den in Ringe geschnittenen, gut gewaschenen Porree zugeben. Ist alles gar, mit Salz und Pfeffer gut abschmecken und mit gehackter Petersilie garnieren. Wer mag, kann Brühwürste dazu reichen.

TIERISCH

RIND & LAMM

RUMPSTEAK VOM SALZWIESENRIND

mit Walnusskruste, Sanddornjus, Steinpilzen und Schalotten-Bucheln

Zutaten für 8 Personen
Schalotten-Buchteln (24 Stück)
500 g Dinkelmehl
200 ml Milch
1 Päckchen Trockenhefe
6 Schalotten
4 EL frische Petersilie, gehackt
2 Eier, Größe M
90 g Butter
40 g Semmelbrösel
Salz
Schwarzer Pfeffer aus der Mühle
Meersalzflocken
Rumpsteak
Gutes Fleisch von der Metzgerei
Kalbsjus
Sanddornkonfitüre
Steinpilze
Schalotten
Schnittlauch
Walnusskruste
Walnüsse
Butter
Thymian

Schalotten-Buchteln

Das Mehl in eine Schüssel geben, mit ½ Teelöffel Salz verrühren und in der Mitte eine Mulde formen. In diese Mulde die Trockenhefe sowie die lauwarme Milch geben. Milch und Hefe mit einer Gabel verrühren, dabei auch etwas Mehl vom Rand einarbeiten, so dass die Mischung leicht andickt. Die Konsistenz sollte in etwa wie beim Pfannkuchenteig sein. Diesen Vorteig nun bei Zimmertemperatur für 30 Minuten gehen lassen.

In der Zwischenzeit die Schalotten schälen, halbieren und in dünne Ringe schneiden. Die Petersilie waschen, Blätter abzupfen und diese nicht zu fein hacken. In einem kleinen Topf 20 Gramm Butter zerlassen und die Schalotten darin bei milder Hitze ca. 5 Minuten farblos anschwitzen. Anschließend den Topf vom Herd nehmen, mit etwas Salz und frisch gemahlenem Pfeffer würzen, die gehackte Petersilie dazugeben und abkühlen lassen.

Wenn der Vorteig gut aufgegangen ist, das Ei hineingeben und mit der Gabel einrühren. Mit der Hand zu einem geschmeidigen, recht weichen Teig kneten. Die abgekühlte Schalotten-Petersilien-Mischung zugeben und kurz einarbeiten. Diesen Teig zu einer Kugel formen und in der Schüssel an einem warmen Ort abgedeckt für ungefähr eine Stunde gehen lassen.

Eine Auflaufform mit ca. 30 Gramm weicher Butter ausstreichen und mit den Semmelbröseln ausstreuen.

Hat der Hefeteig sein Volumen ungefähr verdoppelt, noch einmal kurz durchkneten und in 24 gleichmäßige Portionen teilen. Diese mithilfe von etwas Mehl zu kleinen Kugeln formen und mit einem fingerbreiten Abstand in die vorbereitete Form setzen.

Weitere 40 Gramm Butter zerlassen, die Buchteln damit einpinseln, mit einer Prise Meersalzflocken bestreuen und ein letztes Mal für 20 bis 30 Minuten ruhen und gehen lassen. Die Schalotten-Buchteln im vorgeheizten Backofen für etwa 35 Minuten bei 180 Grad Ober-/Unterhitze goldbraun backen und warm servieren.

Rumpsteak
Gutes Fleisch von der Metzgerei des Vertrauens kaufen. 1 Stunde vor der Zubereitung aus dem Kühlschrank nehmen. Das Fleisch brät besser bei Zimmertemperatur. Kurz anbraten und bei 120 Grad in den Ofen schieben. Im Anschluss je nach Gargrad ruhen lassen. Kalbsjus mit Sanddornkonfitüre vermischen und je nach Geschmack einkochen.

Die frischen Steinpilze mit einem Pinsel reinigen und mit Schalotten in Butter kurz anschwenken. Mit Salz und Pfeffer würzen, mit etwas fein geschnittenem Schnittlauch zum Schluss ergänzen.

Walnusskruste
Walnüsse und Thymian fein hacken, mit der weichen Butter zusammen aufschlagen und in eine Kastenform streichen. Die Butter kurz vor dem Servieren auf dem Rumpsteak kurz überbacken.

Das Schwarzbunte Niederungsrind hat mehr zu bieten

Die alten Rassen haben mehr zu bieten: Schwarzbunte Niederungsrinder geben neben der Milch auch Fleisch – im Gegensatz zu den sogenannten Turbokühen der industriellen Landwirtschaft, die nur auf Milchleistung gezüchtet sind. Die heimischen, vom Aussterben bedrohten Haustierrassen kommen mit den klimatischen Bedingungen bestens zurecht: Sie sind robust, genugsam, trittfest und auch sehr gute Futterverwerter, um nur ein paar wenige Eigenschaften zu nennen, die sie auszeichnen.

Die Schwarzbunten Niederungsrinder weiden auf den renaturierten Salzwiesen an der Wurster Küste. Durch geöffnete Sommerdeiche werden diese Wiesen zeitweise vom Meerwasser überspült, sodass die für die Salzwiesen typischen Gräser und Kräuter wieder gedeihen. Durch seine ruhige Art ist das Niederungsrind umgänglich und verursacht nur geringe Trittschäden in den Salzwiesen des Nationalparks.

Die würzigen Pflanzen der Salzwiesen verleihen dem Fleisch eine besondere Note. Die Vermarktung dieser regionalen Köstlichkeit erfolgt durch das Restaurant „Zur Börse" in Wremen (siehe Seite 54).

LANGEOOGER RINDERRÜCKEN

mit Rosenblütenbutter gratiniert, Möhren mit Holunderblüten und Kartoffelwürfeln

Zutaten für 4 Personen
4 Rückensteaks vom Langeooger Rind á ca. 200 g
125 g Butter
1 Eigelb
1 Handvoll Rosenblüten
Salz, Pfeffer, Zitronenschale
500 g Karotten
1 Handvoll Holunderblüten
Salz, Zucker
400 g festkochende Kartoffeln vom Kleiboden
Salz
Fett zum Braten

Zimmerwarme Butter mit dem Küchenmixer schaumig schlagen, klein gehackte Rosenblüten, Salz, Pfeffer, Eigelb und ein wenig Zitronenabrieb dazugeben, alles auf Folie zu einer Rolle formen und kalt stellen.

Kartoffeln schälen, in 1 Zentimeter große Würfel schneiden und in Fett knusprig braten, mit Salz würzen.

Karotten schälen, in etwas Butter anschwitzen, mit Salz und eventuell etwas Zucker würzen und bedeckt langsam gar schmoren.

Rückensteaks von beiden Seiten anbraten und bei 120 Grad im Ofen rosa garen, danach warm stellen.

Rosenbutter in Scheiben schneiden, die Rückensteaks damit belegen und im Ofen auf höchster Oberhitzestufe gratinieren.

ES IST ANGERICHTET

Steaks auf einen Teller geben, Holunderblüten unter die Karotten schwenken und dazugeben. Kartoffelwürfel darum streuen und mit Rosen- und Holunderblüten garnieren.

LAMMY VAN DIEK

mit geschmortem Gemüse

Zutaten für 4 Personen

- 2 Deichlammkronen
- 3 Knoblauchzehen
- Je 2 Zweige Thymian, Rosmarin und Estragon
- 1 Zucchini
- Je 1 Paprikaschote, rot und gelb
- 2 Stangen Sellerie
- 1 Karotte
- 1 Fenchelknolle
- 125 ml Kalbsfond
- Küstensenf
- Meersalz, aus der Mühle
- Pfeffer, aus der Mühle
- 4 EL Butter
- Olivenöl
- Erbsenschoten, in Butter geschwenkt
- Tomaten zum Garnieren

Das Lammfleisch mit Küstensenf bestreichen und mit Salz und Pfeffer ordentlich würzen. Die Zucchini in dünne Scheiben schneiden. Die Paprikaschoten entstielen, entkernen und in kleine Würfel schneiden. Den geschälten Sellerie in etwa 2 Zentimeter große Stücke schneiden, die geputzte Karotte in Scheiben schneiden und den Fenchel vierteln. In einer Pfanne etwas Olivenöl erhitzen und die Deichlammkrone von beiden Seiten scharf anbraten. Mit der Fleischseite nach oben in das auf etwa 170 bis 180 Grad vorgeheizte Backrohr stellen und je nach gewünschtem Garungsgrad (für medium am besten etwa 10 bis 12 Minuten) braten.

Das Deichlamm herausnehmen, in Alufolie wickeln und einige Minuten ruhen lassen. In der Zwischenzeit die Zucchini, Karotte, Paprika und Sellerie nacheinander in wenig Öl anbraten, mit dem Fond aufgießen und den Fenchel dazugeben. Jeweils einen Zweig der Kräuter fein hacken, zugeben und alles etwa 10 Minuten zart köcheln lassen. Mit Salz und Pfeffer abschmecken. Nun einen Esslöffel Butter in einer Pfanne schmelzen lassen. Die restlichen Kräuter fein hacken, gemeinsam mit dem in Streifen geschnittenen Knoblauch zugeben und das Lamm einlegen. Nochmals rundum kurz nachbraten. Die Deichlammkronen aus der Pfanne heben und jeweils halbieren.

Die restliche Butter unter das Gemüse rühren und das fertige Gemüse auf Tellern anrichten. Je eine Lammkronenhälfte darauf drapieren und mit den Kräutern, den in Butter geschwenkten Erbsenschoten sowie Tomaten garnieren.

Ostfrieslands Antwort auf die Currywurst

Auf Niedersachsens Deichen stehen ca. 60.000 Schafe. Sie prägen unser Landschaftsbild und pflegen unsere Deiche: Durch ihren sanften Tritt, die moderate Düngung und den schonenden Verbiss sind sie die optimalen Küstenschützer:innen. Zugleich bieten die Deiche den Tieren beste Nahrungs- und Lebensbedingungen – und Radfahrer:innen wie Spaziergänger:innen manche tierische Begegnung.

So präsent wie die Deichschafe an der Nordsee ist auch die Nachfrage nach Lammfleisch: Etwa 80 Prozent der Restaurants an der Küste servieren Lammfleisch. Allerdings kaufen 75 Prozent davon (wegen kleinerem Preis und Aufwand) ihr Lammfleisch über den Großhandel: meist als küchenfertig portionierte Tiefkühlware aus Neuseeland. Zeitgleich verladen bei Deichschäfer:innen um die Ecke Viehhändler:innen ganze LKW-Ladungen Lämmer, um sie in Lebendtiertransporten in Großschlachtereien außerhalb der Region (teilweise bis auf den Pariser Lämmermarkt) zu bringen.

Fleisch vom Deichlamm ist besonders lecker

Deichlamm aus der Region bekommt man aktuell nur bei ganz wenigen besonders engagierten Gastronom:innen. Dabei überragt unser Deichlammfleisch die Konkurrenz aus Neuseeland qualitativ: Geschmacklich ist es hervorragend und die höheren Tierschutzstandards tragen das ihre dazu bei.

Preislich hingegen braucht das Deichlamm noch Nachhilfe: Denn die Köch:innen sind in erster Linie an den Filets und Keulen (den „Edelteilen") interessiert und haben oftmals nicht die Kapazität, den ganzen Schlachtkörper zu verarbeiten. So bleiben die Fleischer:innen auf den Resten (auch sehr gutes Fleisch) sitzen. Sie müssen die Edelteile also so teuer verkaufen, dass sie das gesamte Lamm finanzieren.

In Ostfriesland geht es jetzt um die Wurst

Was wäre, wenn man aus den „Resten" schmackhafte Lammprodukte zaubern könnte, die eine lohnenswerte Vermarktung des gesamten Schlachtkörpers ermöglichen würden – und man so den Preis der Edelteile querfinanzieren könnte?

Auf Einladung der Biosphärenreservatsverwaltung haben sich einige Deichschäfer:innen, Gastronom:innen, Unternehmer:innen und Fleischer:innen aus Ostfriesland auf den Weg gemacht, um neue Produkte und Vertriebsstrukturen zu erproben, die es ermöglichen, dass die Deichlämmer „from nose to tail" in der Region verarbeitet und verzehrt werden können. Dabei ist in den vergangenen Jahren ein sehr schmackhaftes Bratwurst-Rezept entstanden, das bereits erfolgreich auf mehreren öffentlichen Veranstaltungen verkostet werden konnte. Die Resonanz: Sehr lecker!

Der ökonomische Clou: Die Bratwurst ist so schmackhaft und ihre regionale Geschichte „vom Deich auf den Teller" zeugt von so guter Qualität, dass sie auch trotz einem (im Vergleich zur Discount-Bratwurst) höheren Preis gerne gekauft wird. So ermöglicht die „Biosphären-Bratwurst" über eine Mischkalkulation, dass auch die heimischen Lamm-Edelteile wieder zu gastronomie-tauglichen Preisen den Restaurants der Biosphären-Partner:innen angeboten werden können.

Wo und wie Sie das Biosphären-Deichlamm und die Biosphären-Bratwurst in Zukunft bestellen und genießen können, erfahren Sie auf der Website.

web www.watten.land/deichlamm

INFO BOX

Jever
Wilhelms-haven
Neustadt-gödens

Biosphären-Bratwurst vom Deichlamm

	Vom Deichschäfer in Wilhelmshaven
18 km →	zum Schlachter in Jever
17 km →	zum Metzger in Neustadtgödens
14 km →	zum Verkauf in Wilhelmshaven
49 km →	gesamte Fahrtstrecke

Kurze Wege für den Klimaschutz

Aus Respekt vor dem Tier: from nose to tail

Noch bis in die 70er Jahre des vergangenen Jahrhunderts war es selbstverständlich in Ostfriesland, ein geschlachtetes Tier in Gänze zu verwerten. Mit dem Verfall der Preise im Lebensmitteleinzelhandel wurde es dann immer attraktiver, selber keine Nutztiere zu halten und die beliebtesten Fleischteile wie das Brustfilet beispielsweise nur noch portioniert und abgepackt einzukaufen. Das gesamte Tier zu verwerten geriet aus dem Blick und Markknochen & Co. in Vergessenheit.

In der Gastronomie entwickelte sich vor ein paar Jahren der Trend „from nose to tail eating", also von der Schnauze bis zum Schwanz alles zu essen. Für Michael Recktenwald von der Genussmanufaktur auf Langeoog hat diese Haltung auch mit Respekt vor dem Tier zu tun (siehe Seite 80): „Schließlich besteht ein Rind aus mehr als nur dem Filet und der Lende." Auch weil in die Tierhaltung wertvolle Ressourcen wie Wasser, Pflanzen und Boden einfließen, sollte ein Tier möglichst vollständig verwertet werden.

Durch die Monotonie durchschnittlicher deutscher Speisekarten ist leider auch viel handwerkliches Wissen in den Küchen verloren gegangen. Ganzheitliches Kochen verlangt in der Küche Geschick und Können. Andererseits ist den meisten Gästen im Laufe der vergangenen Jahrzehnte auch eine gewisse Aufgeschlossenheit abhanden gekommen. Der Ressourcenverschwendung setzt die Philosophie des „from nose to tail eating" kulinarische Erlebnisse jenseits der Lende entgegen.

TOFU-FRIKADELLEN

Zutaten für 6–8 Stück

- 1 kleine Zwiebel
- 400 g Naturtofu möglichst aus europäischem Sojaanbau
- 200 g Paniermehl
- 2 EL Senf
- 1 TL Rauchsalz oder normales Salz
- ½ TL geräuchertes Paprikapulver oder normales Paprikapulver
- ½ TL schwarzer Pfeffer

Optional

- Etwas Knoblauch, Schnittlauch oder Bärlauch

- Etwas Pflanzenöl zum Braten

Die Zwiebel in feine Würfel schneiden und beiseitestellen. Den Tofu mit den Händen in eine große Schüssel bröseln (möglichst fein) und dann gegebenenfalls mit einem Pürierstab pürieren. Wichtig ist, dass keine zu groben Tofustücke übrig bleiben, da die Masse sonst später auseinanderfällt.

Die Zwiebeln, das Paniermehl und die Gewürze mit einer Gabel oder mit den Händen in den Tofu einarbeiten und zu einer gleichmäßigen, leicht bröseligen Masse verkneten.

Mit den Händen Frikadellen formen und auf einem Küchenbrett beiseitelegen. Öl in einer beschichteten Pfanne erhitzen und die Tofu-Frikadellen rundherum goldbraun anbraten.

LINDAS KOMMENTAR

Hartnäckig hält sich das Gerücht „für Soja wird der Regenwald abgeholzt". Tatsächlich werden große Teile des Regenwaldes für den Anbau von Soja zerstört. Dieses Soja gelangt jedoch in die Futtermittelindustrie und nicht in die Tofu-Produktion. Europa ist mit zwei Dritteln der größte Abnehmer für importiertes Futter-Soja.

LINDAS TIPP 1

Wichtig ist bei dem Rezept, mit den Gewürzen nicht zu sparen, denn auch fleischliche Frikadellen werden kräftig gewürzt. Die hier aufgeführten Gewürze können nach Belieben abgewandelt werden.

LINDAS TIPP 2

Die pflanzlichen Frikadellen lassen sich im Kühlschrank mindestens 1 Woche aufbewahren. Daher am besten gleich größere Mengen braten, um Energie und Spülwasser zu sparen.

Vegane Alternativen: pflanzenbasierte Ernährung

Nicht alles ist gut, aber alles ist besser für das Klima, wenn sich immer mehr Menschen in Deutschland umweltbewusster ernähren. 6,5 Millionen Verbraucher:innen verzichten aus ethischen, ökologischen oder persönlichen Gründen bei vegetarischer Ernährung auf Fleisch, Fisch und Meeresfrüchte. Gestattet zum Verzehr sind Produkte von lebenden Tieren wie zum Beispiel Milch, Käse, Eier oder Honig. Zwischen 1 und 2,6 Millionen Deutsche (2020) ernähren sich vegan. Das heißt, sie verzichten auf tierische Produkte und setzen auf alternative Proteinquellen wie Hülsenfrüchte (Erbsen, Bohnen, Linsen und Sojabohnen), Nüsse und Samen.

Die veganen Eiweißwunder schlechthin sind Tofu, Seidentofu, Tempeh und Seitan. Bohnenkäse oder Bohnenquark sind die Begriffe, mit denen der ursprünglich aus China stammende Tofu bei uns in der Küche heimisch geworden ist.

Fester Tofu wird in Blockform angeboten. Tofu fällt nicht gerade durch seinen Eigengeschmack auf, doch gerade deswegen eignet er sich vorzüglich für eine abwechslungsreiche Verwendung in der Küche: geräuchert, mariniert, gewürzt, ergänzt um Kräuter oder Nüsse.

Die weichere Variante des Tofu ist der Seidentofu. Er ist fast schon cremig und passt von daher gut zu süßen Nachspeisen.

Um Tempeh herzustellen, werden Sojabohnen gekocht, mit einer Pilzkultur versetzt und dann fermentiert, also haltbar gemacht. Ein Geflecht aus Pilzen entsteht und umklammert die Bohnen, so dass die Masse fest wird. Tempeh schmeckt leicht nussig und ist sehr gut zu braten.

Seitan ist das Fleischimitat aus Weizeneiweiß und fester als Tofu. Wonach schmeckt Seitan? Nach nichts, deswegen gilt würzen, würzen und noch einmal würzen.

Soja wird vor allem in Süddeutschland angebaut. Im Nordwesten Niedersachsens spielt der Sojaanbau kaum eine Rolle, denn dafür müsste es wärmer sein. Die Zutaten für die Rezepte in diesem Kochbuch bedienen sich überwiegend in der Region.

BIO UND MEER

Seekrug Genussmanufaktur, Langeoog

„Wir ziehen das kompromisslos durch". „Wir", das sind Maike und Michael Recktenwald sowie Hubert und Steffi Recktenwald auf Langeoog. Und mit „das" meint Michael Recktenwald das Qualitätssiegel Bio. Aber der Reihe nach.

„Wir sind zu 100 Prozent Bio minus dem Langeooger Rind."

Maike ist gebürtige Langeoogerin. Ihre Familie lebt in fünfter Generation auf der langen Insel, eine von sieben der Ostfriesischen Inseln, zwischen der Ems- und Wesermündung in der Deutschen Bucht. Michael Recktenwald ist auch auf einer Insel geboren, allerdings auf der Reichenau und die liegt im Bodensee. Mit sehr jungen Jahren kam er mit seinen Eltern nach Langeoog und gilt so nach und nach als Insulaner. 1969 übernahmen seine Eltern die Gaststätte „Zur Quelle". Maike und Michael entwickelten daraus seit 1989 das Panorama-Restaurant Seekrug. Dazu gehören das Dünenhotel Strandeck, eine Bäckerei und eine Konditorei. Was in den 90er Jahren als schleichender Prozess begonnen hatte, gipfelte in den Nullerjahren in der Bio-Zertifizierung der vier Betriebe: „Je mehr wir uns damit beschäftigt haben, desto klarer wurde uns, dass nur Bio geht. Wir sind zu 100 Prozent Bio minus dem Langeooger Rind, das nicht zertifiziert ist", sagt Michael Recktenwald sehr bestimmt.

„Das ist meine tiefste persönliche Überzeugung, dass Bio richtig ist. Wir leben mitten im Nationalpark. Doch alles, was auf dem Festland irgendwann aufs Feld geschüttet wird, also Pestizide und Insektizide und Düngemittel, kommt irgendwann hier in der Nordsee bei uns an, vor unserer Haustür. Das geht so nicht weiter, ich will diesen Scheiß nicht vor der Haustür haben", sagt er entschlossen. Diese jahrzehntelange Entschlossenheit führte dazu, dass Familie Recktenwald 2017 gemeinsam mit neun weiteren Familien aus Portugal, Frankreich, Italien, Rumänien, Kenia, Fidschi und dem Jugendverband Sáminuorra der schwedischen Sami vor das Europäische Gericht gezogen ist und das EU-Parlament sowie den Rat der Europäischen Union für deren Klimapolitik verklagt hat: „Der Anstieg des Meeresspiegels, Sturmfluten und die daraus resultierende Erosion der Dünen gefährden unsere Heimat, und die Trinkwasserversorgung Langeoogs ist auch bedroht", zählt der Familienvater auf.

Konsequent, kompromisslos und liebenswürdig sind sie, die Recktenwalds. Selbstverständlich auch in der Küche, wenn Tiere in Gänze verarbeitet werden: „Grundsätzlich wird bei uns alles verwendet. Beim Fisch werden die Rogen eingelegt, von den Gräten werden Suppen gekocht. Wir können das auch handwerklich, wir haben das Wissen und es hat natürlich auch einen ethischen Aspekt. Wenn man schon ein Tier tötet, dann sollte man alles verarbeiten und nicht irgendetwas davon in den Müll schmeißen."

Alle Produkte, die in den Betrieben verarbeitet werden, sind ökologisch hergestellt und kommen aus der Region. Eben auch konsequent und kompromisslos: „Das Dinkelmehl zum Beispiel kommt aus der Krummhörn vom Bioland-Hof Agena Dreyer, wird in Friedeburg in der Mühle Erks gemahlen und wir machen Nudeln und Brot daraus. Ein regionaler Kreislauf durch und durch." Und der steckt an: Sieben Nationen arbeiten in den Betrieben und sind von der fortschrittlichen Agenda der Recktenwalds überzeugt: „Wir sind ein eingeschworenes Team positiv Verrückter, die alle nicht mehr woanders arbeiten möchten. Das ist echtes Handwerk, das wir hier anstellen in der Küche. Das ist echt unser Beruf und nicht Tüten aufschneiden und anrühren."

Die Kompromisslosigkeit bekommen auch Gäste zu spüren, wenn sie Michael Recktenwald fragen: „Wann hast du wieder Fisch?" Und er darauf schelmisch antwortet: „Weiß ich nicht. Wenn der Fischer was fängt."

Zu Tisch bei Michael Recktenwald

MICHAEL, WARUM MACHST DU DIESE ARBEIT?
Es ist täglich eine neue Herausforderung und eine neue große Freude, so wunderbare Lebensmittel im Einklang mit dem Zyklus der Natur, ihren Jahreszeiten und ihrer Einzigartigkeit verarbeiten zu dürfen.

WANN BIST DU ZULETZT ALTEN, REGIONALEN OBST- ODER GEMÜSESORTEN BEGEGNET?
Unsere Gemüselieferant:innen bauen zum Teil alte Sorten an, die wir regelmäßig verarbeiten, zum Beispiel Äpfel von hochstämmigen Bäumen oder auch alte Rübensorten. Zuletzt haben wir „Hinrichs Riesen" für „Updrögt Bohnen", ein altes ostfriesisches Gericht, verarbeitet.

WELCHE THEMEN SIND DEINE IN DER KÜCHE?
Ganzheitliche Verarbeitung der Tiere. Gemüse die Beachtung schenken, die es verdient, es ist mehr als nur Beilage. Es gibt keine Reste. Alles kann verarbeitet werden. Küchenkonzept im Einklang der Saison.

WIE LAUTET DEINE LOKALE ANTWORT AUF DIE KLIMAKRISE?
Im Lebensmittelbereich: weniger Fleisch essen, nur Bio-Produkte verwenden, regional einkaufen, nichts wegwerfen. Und sonst: Ökostrom, wenig Auto fahren, Öffis benutzen, alternative Energiequellen nutzen, zum Beispiel Fotovoltaik, Solar, Wärmerückgewinnung aus den Maschinen etc.

WIE IST DEINE VISION?
Die nächste Generation – unsere Kinder – soll es genauso gut haben wie wir, dafür müssen wir heute kämpfen.

DER BORSTROCK

Schafhof und Wollwerkstatt, Aselerwarf

färben, spinnen, weben, stricken, filzen.

„25 Schafe sind für ein Hobby eine ganze Menge", sagt Waltraud Franke und lächelt dabei. 16 Kilometer vom Wattenmeer entfernt betreibt sie einen Schafhof und eine Wollwerkstatt. Der Hof liegt auf einer Warf, einem aus Erde aufgeschütteten, jahrhundertealten Siedlungshügel. In der Ferne sieht man die Stadt Jever mit Kirche und Schloss. Ihre heimisch ostfriesischen Milchschafe beschreibt die gebürtige Hamburgerin und gelernte Fremdsprachenkorrespondentin als „zutraulich, liebenswert und freundlich".

Es gibt nicht mehr so viele von ihnen. Sie gehören zu den gefährdeten Haustierrassen. Dabei sind sie anspruchslos in der Haltung und astreine Allrounder: Ihr Tritt festigt die Grasnarbe der Deiche, die sie beweiden, und ihre Hinterlassenschaften sind nicht nur wertvoller Dünger, sondern der Geruch vertreibt auch die Wühlmäuse, die sonst die Deiche zerstören würden.

Sie bedauert, dass das Lammfleisch von vielen Menschen nicht hinreichend geschätzt wird. Gerade weil die Schafhaltung auf den Deichweiden artgerecht ist und die Tiere keine zusätzlichen Futtermittel bekommen, ist ihr Fleisch von höchster Qualität, zart und enthält wenig Fett und Cholesterin. „Auch wenn unsere

„Das Schaf war das erste und vielseitigste Nutztier."

Gäste erst zögern, wenn wir ihnen die Lammkoteletts und Lammbratwürste vom Grill anbieten oder sie zu einer mit Kräutern gewürzten Lammkeule einladen, sind sie nach dem Probieren begeistert und nehmen gerne eine leckere Lammsalami als Souvenir mit nach Hause. Und für mich und meine Familie gibt es nichts Besseres", schwärmt Waltraud Franke. Das Schaf genießt bei ihr ein hohes Ansehen: „Das Schaf war das erste und vielseitigste Nutztier, das der Mensch über viele Jahrtausende herangezogen hat. Ein Leben ohne meine Schafe möchte ich mir nicht mehr vorstellen."

Und dann erzählt sie noch vom wichtigsten Kleidungsstück, das die alten Ostfries:innen sommers und winters trugen und das auf Plattdeutsch „Borstrock" heißt: ein aus Schafwolle gestricktes langes Unterhemd, gut gegen Kälte und Wind und gut isolierend auch bei Hitze, ein wenig kratzig vielleicht für den modernen Menschen, so direkt auf der Haut, aber unverwüstlich. Eben aus Schaf.

Darüber hinaus liefern die Schafe Wolle, Fleisch und Milch. Sie sind ein sehr gutes Beispiel für pure Nachhaltigkeit.

Die Wolle der ostfriesischen Milchschafe ist mittelfein. Sie fühlt sich überhaupt nicht kratzig an. „Schafwolle ist ein natürlicher, ein nachwachsender Rohstoff. Wir verarbeiten sie auf traditionelle Art, wir färben, spinnen, weben, stricken und filzen und fertigen Pullover, Ponchos, Mützen, Stirnbänder und Schals. Schafwolle speichert die Wärme und hält darum wunderbar warm", erklärt Waltraud Franke.

Den Urlaubsgästen aus der Stadt, die Schafe allenfalls von Bildern kennen, vermittelt sie in ihrer Wollwerkstatt die fast vergessenen Handwerkstechniken. „Wir verstehen uns als ein Bildungsort, der entschleunigen soll. Man lernt bei uns, wie viele Arbeitsschritte es braucht, um aus dem Rohmaterial ein Kleidungsstück herzustellen und welchen hohen Wert darum zum Beispiel ein von Hand selbst hergestellter Wollpullover besitzt", sagt die Frau, die irgendwann genug von der Hektik hatte. Früher verkaufte sie Zuchtvieh in die ganze Welt. An ihre Erlebnisse aus dieser Zeit erinnert sie sich gerne. Sie sei tollen Menschen begegnet, „doch ich wollte irgendwann das, was ich nicht hatte: Ein Haus auf der grünen Wiese. Hier auf der Warf bin ich glücklich, wenn ich bei Sonnenschein auf die Weide gehe und meinen Schafen beim Fressen zusehe".

FRÜCHTE DES MEERES

FISCH, KRABBEN & CO.

Fischerei im Wattenmeer

Fischerei hat im Wattenmeer eine lange Tradition. Gefischt werden heutzutage vor allem Garnelen (im Handel Krabben oder Granat genannt) und Miesmuscheln. Die Krabbenfischerei bildet nach wie vor die räumlich am meisten verbreitete Nutzung des Wattenmeers. Eine gezielte Miesmuschelfischerei mit speziellen Schiffen und Bodenkulturen, wie wir sie heute erleben, hat sich erst ab den 1970er Jahren ausgehend von Hooksiel im niedersächsischen Wattenmeer entwickelt. In früheren Zeiten wurden Miesmuscheln höchstens angelandet, um Mooren und anderen armen Böden Nährstoffe zuzuführen, nicht jedoch als Nahrungsmittel.

Die Fischerei ist ein kleiner, aber trotzdem bedeutsamer Wirtschaftszweig an der niedersächsischen Nordseeküste. Es wird nach Garnelen und Miesmuscheln auf Fang gegangen, Fische werden nahezu ausschließlich als Beifang der Garnelenfischerei angelandet. In 16 Häfen an der niedersächsischen Küste sind rund 130 Fischereifahrzeuge registriert, davon 100 Krabbenkutter und 5 Muschelkutter. Die 135 Betriebe haben etwa 400 Beschäftigte.

Zu den Kutterhäfen an der niedersächsischen Küste gehören Ditzum, Pogum (Dollart/Emsmündung), Greetsiel, Dornumersiel, Accumersiel, Norddeich, Neuharlingersiel, Harlesiel, Hooksiel, Dangast, Varel, Fedderwardersiel, Dorum, Spieka, Wremen und Cuxhaven.

Nutzung muss nicht grundsätzlich im Widerspruch zum Schutz eines Gebietes stehen, kann aber durchaus eine kritische Belastung für das Schutzgebiet, die Arten und Lebensräume bedeuten – gerade in Nationalparken. Ausmaß und Ausgestaltung der Nutzung sind daher vielfach entscheidend. Eine nachhaltige Nutzung unter Schonung der natürlichen Ressourcen kann verträglich für die Natur sein und kommt den Nutzer:innen zugute.

MSC-Siegel

Das MSC-Siegel kennzeichnet Fischprodukte aus nachhaltiger Fischerei. Im Rahmen einer MSC-Zertifizierung werden drei Kriterien bewertet: die Situation des befischten Bestandes, die Auswirkungen der Fischerei auf das marine Ökosystem und das Managementsystem, dem die Fischerei unterliegt. Die Miesmuschel- und Krabbenfischerei haben das begehrte Ökosiegel im Jahr 2016 bzw. 2017 erhalten, müssen jedoch weiter naturverträglich entwickelt werden. Die Nationalparkverwaltung hat sich an diesem Prozess beteiligt und konnte so wichtige Managementmaßnahmen einbringen, die zukünftig umgesetzt werden müssen, um den Schutz des Nationalparks sicherzustellen.

Krabbenfischerei

Seit 2017 gibt es für die Krabbenfischerei eine Zertifizierung mit dem MSC-Siegel (Marine Stewardship Council) für eine ökologisch verträgliche Fischerei. Um das MSC-Siegel, das von einer unabhängigen Organisation vergeben wird, zu erhalten, muss die Nachhaltigkeit nachgewiesen werden. Bei Krabben ist es schwer, diesen Nachweis über den herkömmlichen Weg zu führen, der unter anderem genaue Kenntnisse über die Bestände und deren Entwicklung fordert. Eine Bewertung der Einwirkung des Fanggeschirrs auf den Boden sieht die Zertifizierung nicht vor, bisher weiß man hierzu noch zu wenig. Auch die Frage des Beifangs, also Fische und Wirbellose, die eigentlich nicht Ziel der Fischerei sind, ist bislang noch nicht abschließend geklärt. Da dieser zu bestimmten Jahreszeiten sehr hoch sein kann, muss hieran weiter gearbeitet werden.

Ebenfalls nicht zertifiziert sind die weiteren Verarbeitungsschritte der Krabben. Der erste Verarbeitungsschritt, das Abkochen, erfolgt noch auf dem Kutter. Nach dem Anlanden werden die Krabben zum ersten Mal konserviert. Über Zwischenhändler:innen wird der Großteil der Krabben nach Nordafrika oder Polen transportiert, um dort mit der Hand gepult zu werden. Anschließend werden die gepulten Krabben zurück nach Deutschland gebracht und dort verkauft oder weiterverarbeitet. Nur ein kleiner Teil der angelandeten Krabben wird vor Ort in der Region direkt gepult, per Hand oder mit Krabbenschälmaschinen, und vermarktet oder ungepult verkauft.

Muschelfischerei

Auch die Miesmuschelfischerei ist MSC-zertifiziert. Um negative Auswirkungen auf das Ökosystem Wattenmeer zu minimieren, erfolgt die Miesmuschelfischerei in Niedersachsen seit 1999 auf der Grundlage eines Bewirtschaftungsplans, der jeweils fünf Jahre gilt und im Nationalparkgesetz geregelt ist. Einige Standorte mit stabilen Beständen werden danach nicht befischt, andere dürfen nur nach Freigabe und bei ausreichenden Gesamtbeständen befischt werden. Dabei werden Jungmuscheln („Saatmuscheln") von Wildbänken gefischt und auf Kulturflächen mit guten Wachstumsbedingungen wieder ausgebracht. Zusätzlich haben sich in jüngster Zeit Langleinenkulturen mit deutlich geringeren Einwirkungen auf das Ökosystem Wattenmeer stärker etabliert.

KRABBENBROT MIT SPIEGELEI

Zutaten für 2 Personen
500 g fangfrische Krabben, ungepult
4 Scheiben Schwarzbrot
4 Eier
Prise Salz
Butter

Krabben sorgfältig pulen (pulen bedeutet: abschälen, entfernen oder lösen): Kopf und Hinterteil der Krabbe werden jeweils zwischen zwei Finger genommen, der Panzer wird in der Mitte geknickt und mit einer Drehbewegung zu beiden Seiten abgezogen. Von 500 Gramm Nordseegarnelen bleibt etwa ein Drittel Krabbenfleisch übrig.

Vollkornbrot mit Butter bestreichen und die Scheiben gleichmäßig mit dem Krabbenfleisch belegen. Spiegeleier braten, salzen, auf die Krabben legen und servieren. Eventuell ein wenig Petersilie oben auf das Ei legen für die Optik, denn das Auge isst ja bekanntlich mit.

REGIONALE LIEFERKETTEN

Bei diesem Gericht bekommen Sie fast alle Zutaten aus einer Straße in Greetsiel, denn die Geschäfte sind alle direkt im Ortskern wenige Meter voneinander und vom Hafen entfernt. In Greetsiel wird der Fang direkt von der Familie de Beer in Empfang genommen, die den Fisch und die Krabben direkt an die Geschäfte und Restaurants weiterverteilt. So auch an das Fischrestaurant „Greetje". Die Bäckerei Buchholz ist der hiesige Bäcker und der Bauernladen bietet allerlei regionale Produkte, direkt von den Höfen im Umkreis.

AUS DER NORDSEE AUF DEN TELLER
ZEICHNUNGEN VON CARSTEN FUHRMANN

AUF DEM MEERESBODEN LEBT DIE NORDSEEKRABBE.

KRABBENKUTTER FANGEN DIE KLEINEN KREBSE ...

... MIT IHREN GRUNDSCHLEPPNETZEN.

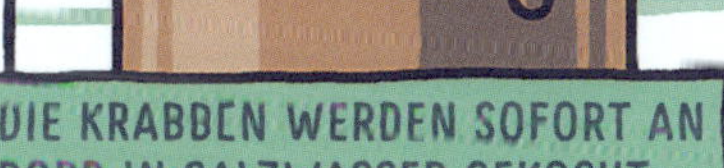
DIE KRABBEN WERDEN SOFORT AN BORD IN SALZWASSER GEKOCHT.

ANSCHLIESSEND MÜSSEN SIE NUR NOCH GEPULT WERDEN.
KRACK

GANZ EINFACH: AM SCHWANZ FESTHALTEN UND DREHEN.

DANN KANNST DU DAS KRABBENFLEISCH HERAUSZIEHEN.

MIT ETWAS ÜBUNG UND GEDULD GIBT ES AM ENDE VIELE LEERE SCHALEN – UND EINE VOLLE.

LECKER!

HERINGSSTIPP *OHNE* HERING

Omas Rezept veganisiert

Zutaten für 4 Personen

Für den Auberginen-Hering
1 mittelgroße Aubergine
400 ml Wasser
4 EL Essig
1 EL Salz
1 Blatt Nori (aus der Asia-Abteilung im Supermarkt)

Für die Stippe
500 g veganer Quark ohne Zucker, *alternativ:* Veganen Naturjoghurt in einen Kaffeefilter geben und diesen über Nacht auf ein Glas stellen, sodass das Wasser, das im Joghurt enthalten ist, heraustropfen kann.
100 ml Pflanzensahne z. B. Reis-, Soja-, Dinkel- oder Hafersahne
½ Zitrone (nur der Saft)
1 großer Apfel (oder 2 kleine), geschält und gewürfelt
1 Zwiebel, fein gewürfelt
3 Gewürzgurken, in dünne Streifen geschnitten oder gewürfelt
1 TL Rohrohrzucker

Topping und Beilage
Schnittlauchröllchen oder andere Kräuter
Pellkartoffeln

PRAXISTIPP GLEICH ZU BEGINN

Da in diesem Rezept lediglich der fischige Algen-Geschmack des Noriblattes benötigt wird, wir jedoch keine grünen Algenfetzen in der Stippe haben möchten, ist Folgendes zu tun: Das Noriblatt zusammenfalten und in einen Nylonstrumpf oder einen Nussmilch-Beutel stopfen. Es geht auch ein Baumwollstrumpf. So kann der fischige Geschmack der Meeresalgen beim Kochen in die Auberginenstücke übergehen, aber das Noriblatt selbst bleibt gut verpackt. Den Nylonstrumpf nun leicht zuknoten und beiseitelegen. Essig, Salz und Wasser in einen Topf geben.

Die Aubergine schälen und in beliebig große Stücke schneiden. Ich habe früher die Heringsfilets immer in recht kleine Streifen geschnitten. Daher mache ich das nun mit der Aubergine genauso.

Auberginenstücke und den Nylonstrumpf samt Noriblatt in das Essigwasser legen, einmal aufkochen und dann für 6–8 Minuten (je nach Größe und Dicke der Stücke) leicht köcheln lassen. Zwischendurch mit einem Löffel die Stücke in die Flüssigkeit drücken, die oben aufliegen. Ist die Kochzeit vorüber, die Auberginenstücke im Sud lauwarm abkühlen lassen.

Während sich die Aubergine in Fisch verwandelt, wird die Stippe zubereitet. Dafür den pflanzlichen Quark (oder abgetropften Joghurt) zusammen mit den übrigen Zutaten für die Stippe in eine Schüssel geben.

LINDAS TIPP

Ich koche immer mehr Pellkartoffeln als ich brauche und verwende sie dann am nächsten Tag zum Beispiel im Kartoffelsalat.

Nun die lauwarmen Auberginenstücke mit in die Stippe legen und alles gut umrühren. Wenn man jetzt probiert, schmeckt das wahrscheinlich noch nicht so richtig nach Heringsstipp. Das liegt daran, dass der Geschmack noch nicht in der Stippe angekommen ist. Die Schüssel daher abgedeckt für mindestens 2 Stunden (besser 4–6 Stunden oder gleich über Nacht) in den Kühlschrank stellen.

Vor dem Servieren nochmal mit Salz abschmecken und mit Pellkartoffeln und Schnittlauch oder Dill anrichten. Klassischerweise ist hier Dill das Gewürz der Wahl, aber da ich den nicht so gerne mag, wähle ich meist Schnittlauch oder etwas frischen Bärlauch.

HERINGSSTIPP

Zutaten für 5–6 Personen
1 Zwiebel
1 Apfel
1 EL Zitronensaft
100 g Schmand
100 g saure Sahne
3 EL Schlagsahne
1 EL Weißweinessig
Salz
Pfeffer
1 TL Zucker
4 Matjesfilets
1 Bund Dill
500 g Kartoffeln

Zwiebel halbieren und in feine Streifen schneiden, anschließend kurz in kochendem Wasser für eine bessere Verdaulichkeit blanchieren. Apfel schälen, vierteln, entkernen, in feine Scheiben schneiden und mit dem Zitronensaft mischen. Matjesfilets in 2 Zentimeter große Stücke schneiden und den Dill hacken.

Den Schmand mit der sauren Sahne, der Schlagsahne und dem Weißweinessig verrühren. Mit 1 Prise Salz, Pfeffer und Zucker würzen. Zwiebel, Apfel, Matjes und Dill untermischen. Sauce mindestens 3 Stunden im Kühlschrank ziehen lassen.

Sauce eventuell mit etwas Salz nachwürzen. Kartoffeln mit Schale in Salzwasser aufkochen und 20 Minuten garen. Kartoffeln abgießen, pellen und zum Matjes servieren.

DER FISCHRATGEBER EMPFIEHLT

Jede Fischerei wirkt sich auf das Meer aus. Wer sich pflanzlich ernährt, verursacht einen wesentlich geringeren ökologischen Fußabdruck als bei einer Ernährung mit Fisch. Der WWF-Fischratgeber bietet eine gute Orientierung für alle, die ab und zu Fisch essen wollen. In der Biosphärenregion wird von jeher Fisch gegessen. Deswegen bieten wir Ihnen zwei ökologisch verantwortungsbewusste Rezepte an: Der hier angegebene Hering ist ein Wildfang aus dem Nordostatlantik und wird vom WWF mit grün gekennzeichnet („gute Wahl"). Der Steinbutt aus dem Rezept auf Seite 96 entstammt einer Aquakultur aus den Niederlanden („gute Wahl").

Die Siegel von Bioland und Naturland bieten auch eine gute Orientierung, ebenso das ASC (Aquaculture Stewardship Council). Das MSC-Siegel zertifiziert den Fang von Wildfischen. Und wer nichts falsch machen möchte, bereitet den Heringsstipp ohne Hering zu (siehe Seite 90).

KLIMASCHUTZ BEGINNT AUF DEM TELLER

ATLANTIC Hotel Wilhelmshaven

„Den Einheitsbrei mag niemand mehr essen", ist Lasse Lübben überzeugt. Der Küchenchef des ATLANTIC Hotel Wilhelmshaven hat ein sicheres Gespür für seine Gäste. Wenn Lasse Lübben auch jung an Jahren ist, so weist er doch eine internationale berufliche Erfahrung auf, die sich sehen lassen kann und die auf einem klaren Standpunkt fußt: „Ich habe den Anspruch, Tag für Tag ein guter Gastgeber zu sein. Ich schließe mich nicht in der Küche ein, sondern sehe meinen Platz als Ratgeber auch am Tisch des Gastes."

„Das große Ochsenherz ist eine Tomate, die noch nach Tomate schmeckt."

Über Geschmack lässt sich, wie bekannt, trefflich streiten, doch mit Lasse Lübben ist das knifflig, denn er hat einfach zu gute Argumente: „Geschmack entsteht nur durch die Natur. Ich muss ein Stück Fleisch nicht salzen, wenn es schon nach Fleisch schmeckt. Kuchen soll nach Kuchen schmecken und nicht nach Inhaltsstoffen, die die Industrie sich anmaßt vorzugeben. Die Menschen wissen in der Regel gar nicht mehr, was regionale Produkte draufhaben können. Die können echt was auf die Beine stellen." Damit meint er zum Beispiel das Knollengemüse Topinambur, den Vorgänger der Kartoffel. „Ein super flexibles Gemüse, aufwendiger zu schälen, mit nussigem Eigengeschmack, klasse", grinst der Koch, der zusätzlich Ökotrophologie studiert hat. Noch zwei Beispiele: „Das große Ochsenherz sieht nicht nur einmalig aus, sondern ist auch noch eine Tomate, die nach Tomate schmeckt. Oder gelbe Möhren, die sind einfach von Natur aus lecker."

Regionalität beschäftigt den jungen Vater immer mehr: Woher stammen die Produkte, mit denen er seine Gäste bedienen möchte, wie sind sie verarbeitet worden. Backwaren liefert die Stadtbäckerei Siemens aus Wilhelmshaven, den Aufschnitt die Schlachterei Schlimgen aus Roffhausen, Gurken und Tomaten kommen aus Zetel und aus Stadland vom Hof am Meer das eine oder andere Rind: „Wenn ich so nah dran bin an den Erzeugern, kann ich auch Teile verarbeiten, die super gut schmecken, die aber kaum jemand noch kennt. Zum Beispiel eine Rinderschulter. Die ist geschmacklich eine Wucht."

In der Küche des ATLANTIC Hotel Wilhelmshaven wird zu 95 Prozent kein Rindfleisch aus Brasilien und Argentinien verarbeitet. „Das ist schon eine Ansage", sagt Lasse Lübben, „langfristig gibt's das gar nicht mehr, denn ich muss konsequent sein. Wie glaubwürdig können wir auftreten, wenn wir das Hohe Lied auf die Region singen und dann doch in Kauf nehmen, dass der Amazonas-Regenwald gerodet wird, nur damit wir zu günstigeren Konditionen einkaufen können."

Die jeweiligen Anpassungen an die Klimakrise gelingen nur im Zusammenhang mit einer Nachhaltigkeitsausrichtung. Der gebürtige Wilhelmshavener Lasse Lübben stellt fest: „Die Sensibilität für Umwelt und ökologisches Handeln sind in der Gesellschaft und bei vielen Gästen enorm gestiegen. Aufgrund unserer lokalen Verankerung sehe ich auch eine Verpflichtung, nachhaltiger zu handeln. Nachhaltige Angebote haben schließlich auch einen Mehrwert für unsere Gäste."

So wie auch vegetarische und vegane Gerichte, die gerade bei jüngeren Gästen immer selbstverständlicher sind. Oder ein Bewusstsein für Reste. Des Küchenchefs Gesicht verzieht sich: „Lebensmittel wegschmeißen, ist echt schade. Deshalb wird ein Büffet langfristig nicht mehr angeboten werden, weil es reine Lebensmittelverschwendung ist. Einfach aus der Zeit gefallen."

Zu Tisch bei Lasse Lübben

LASSE, WARUM MACHST DU DIESE ARBEIT?
Ich mach diese Arbeit, da ich gerne Gastgeber bin. Die Gastronomie wurde mir durch den elterlichen Betrieb sozusagen in die Wiege gelegt. Mir macht es einfach Freude, Menschen durch gute Gastfreundschaft glücklich zu machen!

WANN BIST DU ZULETZT ALTEN, REGIONALEN OBST- ODER GEMÜSESORTEN BEGEGNET?
Das ist schon etwas her, aber dabei handelt es sich um die Topinambur. Sie ist ein sehr interessantes Gemüse, welches vielseitig einsetzbar ist. Sie wird seit knapp 500 Jahren in Europa angebaut, wurde aber durch die Einfuhr der Kartoffel seinerzeit verdrängt und ist etwas in Vergessenheit geraten. Der leicht süßlich-erdige, aber auch nussige Geschmack macht die Wurzel in der Küche zu einer guten Alternative zur Kartoffel. Viele wissen auch nicht, dass sie dieses Gemüse unbewusst als eine Art Sonnenblume im Garten anbauen.

WELCHE THEMEN SIND DEINE IN DER KÜCHE?
Saisonale und regionale Küche, denn Lebensmittel gibt es auch bei uns vor Ort und sie müssen nicht um die halbe Welt geflogen werden, um bei uns auf dem Tisch zu landen. Meiner Meinung nach sollte man das bei dem Kauf gewisser Lebensmittel einmal hinterfragen: Wieso muss man nun zum Beispiel Erdbeeren im Februar essen, die erstens nach fast nichts schmecken und zweitens auch noch Tausende von Kilometern zurückgelegt haben, bis sie dann im Supermarktregal gelandet sind?

WIE LAUTET DEINE LOKALE ANTWORT AUF DIE KLIMAKRISE?
Fahrrad statt Auto im privaten Bereich sowie darauf achten, frische Lebensmittel, so gut es geht, unverpackt zu kaufen. Das bedeutet zum Beispiel, die ausgesuchten Produkte beim Einkauf nicht in Plastiktüten abzuwiegen, nur weil das eventuell bequemer für den Transport ist.

WIE IST DEINE VISION?
Mehr Menschen durch gute Gespräche zum Nachdenken anzustoßen. Gerade bei den oben genannten Themen kann man selber schon seinen Teil für einen nachhaltigeren Lebensstil beitragen.

STEINBUTT KÜCHENMEISTER

Zutaten für 6 Personen

Für den Fisch

- ca. 900 g Steinbuttfilet
- Saft einer halben Zitrone
- Salz
- Mehl zum Bestäuben
- ca. 125 g Butter

Für die Sauce

- ½ Ananas
- 300 g weiße Champignons
- 130 g Schalotten
- 250 g Senffrüchte (Abtropfgewicht)
- 100 ml Olivenöl
- 60 g Currypulver
- ca. 120 g Zucker
- 5 cl Pernod
- 250 ml trockener Weißwein
- 1.000 ml Orangensaft
- Salz
- 300 g Sahne

Sauce

Die Ananas putzen und in ca. 1 Zentimeter große Würfel schneiden. Champignons putzen und in Scheiben schneiden. Schalotten schälen und sehr fein würfeln. Senffrüchte abtropfen, eventuell von Kernen befreien und in ca. 1 Zentimeter große Würfel schneiden. Alles einzeln beiseitestellen.

In einem weiten Dünsttopf das Olivenöl bei mittlerer Hitze erwärmen. Schalottenwürfel und Champignons darin glasig dünsten.

Das Currypulver zufügen und kurz mitdünsten.

Zucker zugeben und mit Pernod und Weißwein ablöschen, etwa 5 Minuten einkochen lassen.

Senffrüchte und Orangensaft zufügen und um die Hälfte einkochen lassen.

Ananaswürfel hineingeben und ca. 5 Minuten leicht kochen lassen. Am Schluss kräftig mit Salz abschmecken.

Die Sahne schlagen und kalt stellen.

Fisch

Die Steinbuttfilets mit Zitronensaft beträufeln, leicht salzen, anschließend in Mehl wenden.

Butter bei mittlerer Hitze in einer großen Pfanne mäßig erhitzen, bis sie leicht braun, jedoch nicht schwarz wird.

Die Fischfilets vorsichtig von beiden Seiten darin braten.

Anrichten

Die Sauce kurz aufkochen, die geschlagene Sahne unterheben und eventuell nochmals abschmecken.

Den Steinbutt auf vorgewärmten Tellern anrichten. Die Sauce großzügig darübergeben und anschließend vor lauter Genuss dahinschmelzen!

SALZ DER NORDSEE

Ostfriesland

Uli's kleine Senfmanufaktur, Moorweg

„Jetzt weiß ich, wie ihr hier die Ebbe macht", sprudelt es aus Uli Stede heraus. „Das ist schon lustig, wenn ich mich mit einem Kanister voller Wasser zum Auto echt abschleppe und dann so von Touristen angesprochen werde. Und dann erkläre ich natürlich, warum ich das mache", erklärt er lachend. Stede stellt Salz zum Kochen her, das er dem Wasser der nahen Nordsee bei auflaufender Flut entnimmt.

„Natürliches natürlich belassen" könnte das Motto des gebürtigen Hessen sein. Der Küchenmeister und langjährige Sterne-Koch fand es nach seinem Umzug nach Ostfriesland wegen der Nähe zum Wasser irgendwie logisch, Salz zum Kochen und Würzen selber herzustellen und zu verkaufen: „Mein Anspruch ist schon, von der Natur mit der Natur für die Natur zu arbeiten." Das Salzwasser filtert er ein paar Mal und lässt es in einer Biogasanlage mit der überschüssigen Restwärme verdampfen. Das übrig gebliebene Naturprodukt wird anschließend sachte erhitzt und grob gemahlen. Stede bietet reines Natursalz an und Salz mit verschiedenen geschmacklichen Noten wie Sanddorn, Rauch oder Bärlauch. Das Salz verkauft er in seinem kleinen Laden in Moorweg, online und in Hofläden, auf Märkten und in Nationalpark-Häusern in der Biosphärenregion.

Das aus der Nordsee gewonnene Salz von Uli Stede hat qualitativ den Vorteil, einen sehr viel höheren Anteil an bevorzugten Mineralstoffen wie Kalium, Magnesium und Calcium als herkömmliche Salze zu enthalten. Auch sind keine Schwermetalle darin gefunden worden.

„Bis Mitte des 17. Jahrhunderts haben die Menschen der Nordseeküste aus Seetorf Salz in Siedereien gewonnen", weiß der kulinarische Tüftler Uli Stede. „Das Zentrum soll auf der Insel Bant gewesen sein, die zwischen Juist und dem Festland lag. Doch durch den Abbau des Seetorfs ist die Insel erodiert und bei einer Sturmflut dermaßen überflutet worden, dass das weiße Gold der Nordsee auf Bant und entlang der Küste seitdem sich selber überlassen bleibt."

Ein jahrhundertelang vergessener kulinarischer Schatz

Zu Tisch bei Uli Stede

WARUM MACHST DU DIESE ARBEIT?
Das, was ich tue, macht mir sehr viel Spaß. Durch die vielen positiven Rückmeldungen zu meiner Tätigkeit von Freunden und Kunden werde ich bestätigt und gefordert, immer das Beste zu geben.

WANN BIST DU ZULETZT ALTEN, REGIONALEN OBST- ODER GEMÜSESORTEN BEGEGNET?
Dem Queller! Vor ca. 40 Jahren hatte ich ihn als Passe Pierre schon in meinem Restaurant verarbeitet und dann vergessen und jetzt vor einigen Jahren durch das Ökowerk Emden wiederentdeckt.

WELCHE THEMEN SIND DEINE IN DER KÜCHE?
Weitestgehend Produkte aus der Region zu verarbeiten, unter dem Motto: aus der Natur für die Natur.

WIE LAUTET DEINE LOKALE ANTWORT AUF DIE KLIMAKRISE?
Regional und nachhaltig arbeiten, ökologische Energiequellen nutzen, zum Beispiel Ökostrom oder zur Produktion vom Salz der Nordsee die Restwärme der Biogasanlage.

WIE IST DEINE VISION?
Mithelfen, auf die natürlichen Ressourcen aufmerksam zu machen, zu sensibilisieren, kreativ selbst und miteinander zu kochen.

Wenn vor Jahrhunderten das Salz der Nordsee den Bewohner:innen vorwiegend dazu diente, Fisch zu konservieren, schwärmt Uli Stede im 21. Jahrhundert von mehr: „Neben geschmackshebender Wirkung hat Salz die Eigenschaft, in Verbindung mit Kräutern und Gewürzen raffinierte und überraschende Aromen zu entwickeln. Ob nun für das Würzen von kalten oder warmen Speisen, vor oder nach den Koch- oder Garprozessen, zum Marinieren, Beizen, Einlegen oder Lufttrocknen, für Würziges oder Süßes." Die Nationalparkverwaltung Niedersächsisches Wattenmeer hat Stedes Nordsee-Salz ausgezeichnet und in ihre Datenbank „Wattenmeer-Produkte" eingestellt.

Ein weiteres, sehr spezielles Produkt von Uli Stede: das Dat Watt Gewürz. Dafür greift er auf den Queller zurück, der in den Salzwiesen, den zeitweise überfluteten Küstenbereichen, gedeiht und wenig Beachtung findet. Für ihn ist der Queller eine zu Unrecht unterschätzte Pflanze. „Charakterpflanze" nennt er ihn anerkennend. Schließlich wird der Queller täglich zweimal vom Meerwasser überspült und blüht von April bis Oktober auch noch. Meeresspargel wird der Queller auch genannt, denn es werden nur die Spitzen von

Queller aus dem Watt

Hand geerntet und in der Küche verarbeitet. Da es streng verboten ist, den Queller aus dem Nationalpark zu entnehmen, kauft Uli Stede für sein Dat Watt Gewürz Queller in der Gärtnerei Otten in Jever ein: „Mit Dat Watt Gewürz würzt du alle Speisen, auch eine vegetarische Brühe", erklärt der Koch Uli Stede und fügt achselzuckend hinzu, dass dann kein Salz mehr hinzukomme, denn der Queller steckt ja voller Salz.

Und mit einer weiteren Pflanze aus dem Wattenmeer tüftelt Uli Stede an einem anderen Produkt. Der Blasentang sei unterschätzt, schmunzelt der Koch, aber das ist eine andere Geschichte.

Gärtnerei Otten zieht Queller

Queller ist eine der typischen Pflanzen der Salzwiesen im Nationalpark Niedersächsisches Wattenmeer. Keine andere heimische Landpflanze wagt sich so weit hinaus ins Watt. Optisch ähnelt der Queller ein wenig einem Kaktus ohne Stacheln und sie haben tatsächlich auch Gemeinsamkeiten: Sie lagern Wasser im Inneren ein. Im Herbst färbt sich der Queller rot und stirbt dann ab. In der Küche wird der salzige Queller gerne zum Würzen oder in Salaten verwendet. Da im Nationalpark die natürliche Vegetation nicht wirtschaftlich genutzt werden darf, ist es nicht erlaubt, den Queller zu ernten. damit wir aber trotzdem nicht auf Queller verzichten müssen, gibt es zum Glück eine regionale Alternative: Queller aus der Gärtnerei.

Die Gärtnerei Otten in Jever ist eine der wenigen Anbieter für den Queller. Ohne sie gäbe es für Uli Stede kein Wattgewürz und für regionale Restaurants keine knackige Beilage. Der ökologisch ausgerichtete Betrieb leistet damit einen Beitrag zur geschmacklichen Vielfalt der Region. Der Aufwand ist hoch, denn alle sechs Stunden werden die Pflanzen mit Salzwasser geflutet.

WAT FÖR'N LÜTTJE LEPEL

MÜSLI UND DESSERTS

ROTE GRÜTZE

aus dem Nasch garten

Zutaten für 8–10 Personen

- 1.000 g rote Früchte z. B. Rote Johannisbeeren, Brombeeren, Himbeeren, Erdbeeren etc.
- ca. 125 g Zucker (je nach Reife der Früchte wird mehr oder weniger Zucker benötigt)
- ½ Vanilleschote
- 350 ml Rotwein
- 350 ml roter Traubensaft oder Kirschsaft
- Abrieb 1 Orange und 1 Zitrone
- Zimt, Ingwer
- 1 EL Vanillepudding-Pulver oder Sago

Der Rotwein wird mit dem roten Traubensaft, dem Zucker, einem Stück Ingwer und der halben Vanilleschote zum Kochen gebracht. Etwa 10 Minuten auf kleiner Stufe leicht köcheln lassen. Etwas Traubensaft zum Anrühren des Puddingpulvers übrig lassen.

Anschließend den Abrieb einer Orange und einer Zitrone sowie eine Messerspitze Zimt dazugeben. Das Puddingpulver wird mit dem übrigen Traubensaft gemischt und in die kochende Flüssigkeit gerührt.

Wir mögen es, wenn die Früchte ganz bleiben, deswegen geben wir den Saft der Roten Grütze zu den Früchten und lassen es nicht mehr aufkochen.

Man kann die Flüssigkeit auch mit Sago binden, wobei die Verwendung von Sago nicht ganz einfach ist und viel Zeit in Anspruch nimmt. Bitte beachten Sie die Verpackung. Siehe auch Hinweis auf Seite 28.

CRÈME BRÛLÉE VOM OSTFRIESENTEE

Zutaten für 6 Personen

- 500 ml Milch
- 100 ml Sahne
- 4 Eigelb
- 80 g Zucker
- 80 g Ostfriesentee

Milch und Tee zum Kochen bringen, ziehen lassen und durch ein Sieb gießen. Anschließend mit der Sahne vermengen.

Eigelb und Zucker schaumig schlagen und die Tee-Milch-Sahne-Flüssigkeit unter den Schaum heben.

Die Masse über Wasserdampf aufschlagen, bis sie stockt. Anschließend abkühlen lassen und in kleine Becher oder Tassen füllen.

Vorm Servieren mit Zucker bestreuen und auf einem Blech ca. 10 Minuten bei 180 Grad in den Backofen stellen.

KANDIERTE LANGEOOGER ROSENBLÜTEN

Ein ganz einfaches, aber geniales Rezept.

Zutaten für 4 Personen

- 1 Handvoll Rosenblüten
- 2 Eier, Eiweiß trennen
- Puderzucker

Sammeln sie Rosenblüten der gemeinen Heckenrose *(Rosa Rugosa)* an etwas abgelegenen Orten, wo wenig oder gar kein Verkehr ist. Auf Langeoog ist das natürlich kein Problem.

Die Blüten waschen und auf einem Handtuch nebeneinander liegend trocken tupfen.

2 Eier trennen und das Eiweiß – leicht – anschlagen.
Ein Backblech mit Backpapier belegen. Das Blech dick mit Puderzucker besieben.

Die Rosenblätter durch das aufgeschlagene Eiweiß ziehen und flach auf das Backblech legen. Oben auf die Rosenblüten wieder dick Puderzucker sieben.

Backblech bei 60 Grad in den Ofen stellen (Ober- und Unterhitze, Blech in die Mitte, keine Umluft). Ofenklappe etwa 1 Zentimeter offen stehen lassen und die Rosenblüten 1 bis 2 Stunden trocknen lassen.

Blech auskühlen lassen und die Blüten, eventuell mithilfe eines Teigschabers, vom Blech nehmen.

Die Rosen-Chips halten sich in einer verschlossenen Keksdose über mehrere Wochen, sie sind super zu Eis oder einfach zum Knabbern zum Kaffee. Der übrige Puderzucker schmeckt nach Rosen und ist super für Waffeln.

VEGAN-FRUCHTIGES EISVERGNÜGEN

Zutaten für 4 Portionen

- 2 reife Bananen
- 200 g Früchte z. B. Erdbeeren, Himbeeren, Heidelbeeren, Nektarinen
- 2 EL Mandelmus

SUSANNE EMPFIEHLT
beim Kauf von Bananen ein Biosiegel und Fair-Trade-Zertifikat. Fairer Handel fördert das Selbstvertrauen und die Würde von Kleinbauernfamilien und Beschäftigten auf Plantagen.

Die Bananen schälen und klein schneiden, zusammen mit den gewaschenen Früchten (große Früchte ebenfalls klein schneiden) über Nacht in einer Schüssel oder Mixbecher einfrieren.

Das Mandelmus zu den gefrorenen Früchten geben, mit einem Pürierstab pürieren und sofort genießen.

Ganz nebenbei ist dieser Eisgenuss auch noch gesund! Das veganfruchtige Eisvergnügen liefert eine gute Portion Obst und enthält keinen Industriezucker.

Wer es süßer mag, kann gerne etwas mehr Banane dazu geben.

DER HOTELKOCH BERICHTET:
Es brummt! Rund 240.000 Bienen bieten wir auf dem Dach des Conference Centers am ATLANTIC Hotel Sail City ein temporäres Zuhause und leisten damit unseren Beitrag zum Erhalt der Artenvielfalt. In der quirligen Nordsee-Metropole Bremerhaven finden Bienen ein reichhaltiges und gesundes Nahrungsangebot, denn in der Stadt werden keine Pestizide eingesetzt.

Mit dem Stadtimker Andreas Bredehorn freuen wir uns über ein naturreines und regionales Produkt. Sogar die Bienenkörbe seiner Völker, die sogenannten Beuten, lässt Bredehorn in Bremerhaven fertigen. Unser Küchenchef Dominik Flettner ist begeistert – er verwöhnt unsere Hotelgäste mit dem schmackhaften „Seestadt-Honig".

HONIG-PARFAIT

Zutaten für 14 Personen
10 Eigelb
6 cl Honiglikör
200 ml Milch
400 g Seestadt-Honig
1.000 ml geschlagene Sahne

Legen Sie eine Form mit Klarsichtfolie aus. Das Eigelb im Wasserbad aufschlagen, bis sich die Masse verdoppelt hat. Die Milch beigeben und zur Rose abziehen.

Jetzt den Honig und den Likör in die warme Masse einrühren. Die Masse am besten im Eiswasserbad langsam kaltrühren.

Zum Schluss die geschlagene Sahne langsam mit einem Schneebesen unter die kalte Ei-Masse heben. Jetzt die Masse in die vorbereitete Form geben und einfrieren.

SANDDORN-PARFAIT

Zutaten für 4 Portionen

- 4 Eigelb
- 2 Eier
- 150 g Zucker
- 50 g Honig
- 1 Vanilleschote
- 250 ml Sahne
- 150 ml Milch
- 100 ml Sanddornmark

Die Eier und das Eigelb mit Zucker, Honig und dem Sanddornmark kurz aufschlagen. Die Vanilleschote halbieren, das Mark auskratzen und mit der Milch aufkochen. Die heiße Vanillemilch durch ein Sieb zu den Eiern geben. Über einem Wasserbad wird die Mischung unter ständigem Rühren erhitzt, bis die Masse anfängt zu stocken. Danach wird sie im Eisbad wieder kaltgerührt.

Die kalte Sanddornmilch-Ei-Masse wird jetzt unter die geschlagene Sahne gehoben und in einer geeigneten Form (zum Beispiel Kastenform) über Nacht gefroren. Vor dem Servieren sollte das Parfait kurz antauen, danach aber nicht wieder einfrieren!

Sanddorn – die Zitrone des Nordens

Der Sanddorn kommt ursprünglich aus Nepal und hat sich von dort vermutlich schon während der Eiszeiten über Asien bis nach Nordamerika und Europa ausgebreitet. Schon Dschingis Khan kannte die heilenden Kräfte der leuchtend orangen Beere: Er und seine Männer hatten als Wundheilmittel und zur Stärkung ihres Immunsystems immer ein Fläschchen Sanddornöl in der Satteltasche. Denn der Sanddorn ist im wahrsten Sinne ein echtes Allheilmittel: Mit zwischen 200 und 900 Milligramm Vitamin-C-Gehalt pro 100 Gramm Fruchtfleisch ist er eine echte Vitaminbombe. Sein Vitamin-C-Gehalt ist um ein Vielfaches höher als bei Zitronen oder Orangen mit „nur" 50 Milligramm pro 100 Gramm. So hilft er vor allem gut gegen Erkältungskrankheiten und bei fieberhaften Infektionen. Sein fettes Kernöl wirkt blutstillend und heilend und hilft bei trockener, juckender Haut oder Sonnenbrand. Die vitaminreichen Früchte finden aber nicht nur Verwendung in der Medizin und in der Heilkunde, sondern auch in zahlreichen Nahrungsmitteln.

Sanddorngebüsche finden sich in den Dünenlandschaften der Ostfriesischen Inseln, wo die Beeren im späten Herbst außerhalb des Nationalparks geerntet werden. Da sie fest an den dornigen Zweigen sitzen, wird der ganze Zweig geerntet und eingefroren. Im gefrorenen Zustand lassen sich die Beeren leicht abschlagen und dann zu Saft, Marmeladen, Sanddorntorte, Likör, Grog, Kräutertee und vielen anderen leckeren und gesunden Dingen weiterverarbeiten. Das ist auch besser, da die rohen Beeren sehr sauer und bitter schmecken.

Übrigens: Der wissenschaftliche Name des Sanddorns *Hippophae rhamnoides*, was etwa „leuchtendes Pferd" bedeutet, rührt vermutlich daher, dass die alten Griechen ihren Pferden Sanddornbeeren gaben, damit sie glänzendes Fell bekommen.

SCHICHT-MÜSLI IM GLAS

Zutaten
Hier sind einige Vorschläge für ein Schichtmüsli
Pflanzenjoghurt z. B. aus Lupinen, Hafer oder in Deutschland angebautem Soja
Haferflocken
Dinkelflocken
Weizenkeime
Leinsamen
Rosinen
Haselnüsse
Walnüsse
Beeren aus dem Garten
Heimisches Obst in allen Variationen
Krokant
Karamell
Bröselige Reste von Kuchen oder Keksen
Fein geraspelte Möhre
Süße nach Belieben

In einem sauberen Schraubglas abwechselnd Pflanzenjoghurt und trockene Zutaten schichten. Das Glas verschließen und einige Stunden (am besten über Nacht) in den Kühlschrank stellen. Am nächsten Morgen einpacken, aufdrehen und genießen.

Durch das Einweichen können die Nährstoffe in den Zutaten besser verstoffwechselt werden.

LINDAS TIPP 1
Man kann auch auf den Joghurt verzichten und stattdessen über die trockenen Zutaten etwas Pflanzenmilch oder Fruchtsaft gießen.

LINDAS TIPP 2
Der Anteil an Haferflocken sollte recht hoch sein, wenn es besonders gesund werden soll. Denn Haferflocken haben von allen Getreidearten den höchsten Vitamin-B1- und Vitamin-B6-Gehalt. Außerdem liefern sie viel pflanzliches Eisen.

Resteessen im Vier-Sterne-Hotel

Das ATLANTIC Sail City Hotel Bremerhaven geht mit einem besonderen Format gegen das Wegwerfen von Lebensmitteln in der Gastronomie vor: dem Resteessen. Alle die Lebensmittel, die die Küche nicht verlassen haben, dürfen verarbeitet werden; so schreibt es die Lebensmittelhygiene vor. Resteessen heißt auch Wertschätzung kostbaren Lebensmitteln gegenüber, die normalerweise weggeworfen werden. Resteessen bedeutet für eine Gastronomieküche Geld zu sparen, Ressourcen zu schonen und dadurch rücksichtsvoller gegenüber dem Klima zu handeln. Küchenchef Dominik Flettner verarbeitet zum Beispiel Möhren- und Kartoffelschalen, die er wäscht, dann zu Chips frittiert und zum Salat reicht. Oder er zaubert aus den Randstücken von Tomaten eine leckere Bruschetta.

KABINETT-PUDDING

Atlantic Bremerhaven

Zutaten für 10 Personen

- Altbackene Croissants
- Rosinen in Rum eingeweicht

Für die Royalmasse

- 500 ml Milch
- 8 Eier
- 100 g Zucker
- 3 EL Vanillezucker
- 1 Zitronenschale, abgerieben

Altbackene Croissants in kleine Würfel schneiden. In Rum eingeweichte Rosinen dazugeben. Beides in kleine Gläschen füllen.

Die Zutaten der Royalmasse in einer Schüssel verrühren und im Kühlschrank ca. 1 Stunde ruhen lassen, damit die Bläschen verschwinden.

Die Royalmasse über Croissantwürfel und Rosinen geben. Im Wasserbad bei 95 Grad 90 Minuten backen.

MÜSLI MIT BUCHWEIZEN-KEIMLINGEN

Zutaten für 3–4 Personen
5 EL Buchweizen-Keimlinge
1 Banane
Etwas Zitronensaft
1 Apfel
Verschiedenes Obst der Saison (Äpfel, Birnen oder Beeren …)
1 EL gehackte oder ganze Nüsse
100 ml Mandel- oder Hafermilch (ohne künstliche Zusatzstoffe und Zuckerzusatz)

SUSANNES TIPP
Buchweizen-Keimlinge selbst zu ziehen ist einfach und kein großer Zeitaufwand!

Die Banane in eine Schüssel geben, mit etwas Zitronensaft beträufeln und mit einer Gabel zerquetschen. Das restliche Obst waschen, in kleine Stücke schneiden (kleine Beeren ganz lassen) und ebenfalls in die Schüssel geben. Die Keimlinge und die Nüsse dazugeben und mit der Mandel- oder Hafermilch verrühren.

Zubereitung
5 Esslöffel Buchweizen in ein Sprossenglas (Keimglas mit Sieb) geben und mit kaltem Wasser gut durchspülen. Anschließend die Buchweizenkörner mit kaltem Wasser bedecken und ca. 2 Stunden quellen lassen. Das Wasser abschütten und nochmals durchspülen.

Das Sprossenglas kippen (mit dem Sieb nach unten) und auf eine geeignete Abtropffläche stellen. Den Buchweizen täglich zwei- bis dreimal durchspülen. Zu viel Wärme und direktes Sonnenlicht sind ungünstig!

Der Keimprozess startet schon nach wenigen Stunden und die Buchweizen-Keimlinge sind nach ca. 24 Stunden deutlich sichtbar und fertig zum Verzehr.

WAS MACHT DIE KEIMLINGE SO WERTVOLL?
Keimlinge sind kleine Wunder mit großer Bedeutung für eine gesunde und vollwertige Ernährung. Sie sind reich an Vitalstoffen und wachsen rund ums Jahr und ohne großen Aufwand.

Durch Aufbau-, Abbau- und Umbauprozesse kommt es zu besonders hohen Anreicherungen von Enzymen, Vitaminen, Mineralstoffen und Spurenelementen mit einer optimalen Bioverfügbarkeit.

INFO BOX

Bookweit – Buckwheat - Buchweizen

In den letzten Jahren hat der Echte Buchweizen (*Fagopyrum esculentum*) wieder mehr Aufmerksamkeit erlangt, der früher schon in der Ernährung der Menschen in Ostfriesland eine wichtige Rolle gespielt hat. Trotz seines Namens handelt es sich beim Buchweizen nicht um Getreide, sondern vielmehr um einen Vertreter der Knöterichgewächse. Sein Name leitet sich von der Ähnlichkeit zu Bucheckern ab. Die neue Popularität dieses „Pseudogetreides" basiert auf der Tatsache, dass es kein Gluten enthält und somit auch Menschen mit einer Glutenunverträglichkeit bekommt. Aber auch über diese Eigenschaft hinaus zeichnet sich der Buchweizen durch wertvolle Inhaltsstoffe aus. Neben Kohlehydraten bietet er wertvolles Eiweiß, das alle für die menschliche Ernährung notwendigen Aminosäuren enthält, sowie die Vitamine E, B1 und B2.

In der Küche findet er vielfältige Verwendung als eine Art Risotto, in Buchweizen-Pfannkuchen oder in den französischen Gallettes. In Ostfriesland wurde das auf Plattdeutsch „Bookweit" genannte Nahrungsmittel besonders in einer stark sättigenden Grütze eingesetzt.

Buchweizen spielte in der Geschichte des Nordwestens eine wichtige Rolle bei der „Urbarmachung" der Hochmoore nach der Methode der Moorbrandkultur. „Praktisch in die Asche mit ihren wenigen Nährstoffen säte man (...) den anspruchslosen Buchweizen, der bei dieser Kultur den größten Ertrag brachte" (Karl Ernst Behre, 2014: Ostfriesland).

So hat das „Arme-Leute-Essen" der frühen Moorkolonist:innen dann doch noch späten Ruhm als Superfood erlangt. Und was früher Grütze hieß, schmeckt auch als „overnight oats".

LANDCAFÉ MIT WEITBLICK

Seefelder Mühle, Seefeld

Inmitten der nördlichen Wesermarsch steht eine alte Windmühle, die stolz ihre Flügel in den Wind reckt. Nach dem Motto „vom Mahlen zum Malen" hat sie vor über 30 Jahren eine Transformation erfahren. Durch einen Zusammenschluss von Kulturbegeisterten im ländlichen Raum wurde das renovierungsbedürftige Bauwerk gerettet und als Kulturzentrum umgewidmet. Schon die Erhaltung des Bauwerkes und dessen Umnutzung kann man als einen Ansatz des Upcyclings verstehen. Der soziokulturelle Verein war geboren und

Der Landfrauenmarkt: Ort der regionalen Vermarktung und der Begegnung

setzt seitdem anspruchsvolle, aber leicht zugängliche Kulturarbeit auf dem platten Land um. Die historische Mühle kann während der Öffnungszeiten besichtigt werden. Das ganze Jahr über wird Kunst ausgestellt und so wird die Mühle des Bautyps Galerieholländer zu einer Art Kunstgalerie. Heiraten kann man in der Seefelder Mühle übrigens auch.

Die Räume der Nebengebäude sowie das Müllerhaus und das Außengelände werden für Konzerte, Theater, Kino, Gruppenangebote und Workshops genutzt. Besonders beliebt sind Bewegungskurse, Handlettering- und Steinbildhauer-Workshops. Auch traditionelle Fertigkeiten, wie das Weben auf einem Nagelbrett oder das Sprechen der plattdeutschen Sprache, können in Seefeld erlernt werden.

Das Team der Seefelder Mühle setzt sich für Nachhaltigkeit ein: Mehrmals im Jahr gibt es Kinoabende mit Kurzvorträgen zum Thema Nachhaltigkeit. Auf dem Blog Gutesmorgenstadland berichtet ein Team aus ökologisch interessierten Freiwilligen über kleine Selbstversuche im Alltag und gibt Anregungen für einen achtsameren Umgang mit der Umwelt.

Am jeweils ersten Sonntag des Monats veranstaltet das Kulturzentrum einen „Landfrauenmarkt", bei dem regionale und saisonale Produkte angeboten werden. Der Markt ermöglicht es den Besucher:innen, mit den Anbieter:innen ins Gespräch zu kommen und die Vielfalt der Region an einem Termin gebündelt erfahren zu können. Mehrere der dort angebotenen Waren sowie eine Vielfalt an schönen und nützlichen Dingen können zudem auch im Mühlenlädchen erworben werden.

Zur sozialen Nachhaltigkeit trägt das Mühlencafé bei, das von Anke Coldewey geleitet wird und mehreren Frauen und Männern aus der näheren Umgebung eine Einkommensquelle bietet. Das Caféteam ist überregio nal bekannt für seine hausgemachten Torten und Tagesgerichte. Im Fokus stehen Saisonalität und Regionalität. Käse wird beispielsweise vom Biohof aus der Nachbarschaft bezogen, ein Teil des Gemüses wird im eigenen Garten hinter dem Müllerhaus angebaut. Ausgeschenkt werden Tee und Kaffee aus ökologischer Fairtrade-Herstellung. Anke Coldeweys Traum ist es, ganz auf bio und regional umzusteigen, aber zurzeit lässt sich das noch nicht realisieren, da das Café als saisonaler Betrieb auch auf wirtschaftliche Aspekte achten muss. Kultur und Café kommen auch inhaltlich zusammen. Beispielsweise werden mehrmals im Jahr Kulturveranstaltungen, wie Lesungen, Poetry Slams, Konzerte oder Kinoabende angeboten, zu denen das Café thematisch passendes Essen serviert. So lässt sich Kultur mit Kulinarik in einer einzigartigen Atmosphäre genießen.

Wuddeldick auf Wunsch vegan

Im Sommer gibt es dienstags einen traditionellen Mittagstisch, zu dem beispielsweise Reibekuchen oder das beliebte Gericht Wuddeldick aus Kartoffeln und Möhren serviert werden. Oft gibt es auf Wunsch vegane Varianten der traditionell eher fleisch- oder fischlastigen Gerichte. Dazu sprechen die Servicemitarbeiterinnen im Café die Gäste vorrangig auf Plattdeutsch an und zeigen so die Lebendigkeit der Regionalsprache.

Als offizieller Partner des Nationalparks Wattenmeer initiiert das Kulturzentrum regelmäßig gemeinsame Projekte mit einem Bezug zur ökologischen Nachhaltigkeit: Beispielsweise beteiligt sich das Café regelmäßig an der Aktion der Biosphären-Menü-Tage. Hierfür wird ein Biosphären-Menü zusammengestellt, das eine Woche lang mit drei Gängen die kulinarische Vielfalt der Region auf den Tisch bringen soll.

web www.gutesmorgenstadland.blog

Zu Tisch bei Anke Coldewey

Anke Coldewey ist Biopionierin und hat lange Jahre als Landwirtin Biokäse hergestellt und Fleisch in Direktvermarktung vertrieben. Seit über 20 Jahren leitet sie das Café der Seefelder Mühle, in dem zwölf Frauen aus der Region arbeiten. Das Café ist Teil des Kulturzentrums Seefelder Mühle, das sich im ländlichen Raum für Kultur starkmacht und immer wieder den Fokus auf die Themen Nachhaltigkeit und Zukunftsfähigkeit lenkt.

ANKE, WARUM MACHST DU DIESE ARBEIT?
Weil ich der Ansicht bin, dass es eine Verbindung zwischen Gastronomie und Kultur geben muss.

WANN BIST DU ZULETZT ALTEN, REGIONALEN OBST- ODER GEMÜSESORTEN BEGEGNET?
Fast täglich, heute erst hat eine Nachbarin rote Boskoop-Äpfel aus ihrem Garten gebracht, die wir im Café verarbeiten werden.

WELCHE THEMEN SIND DEINE IN DER KÜCHE?
Ich kümmere mich um die Organisation und die Arbeitsabläufe. Es macht mir Spaß, neue Ideen zu entwickeln und auf die Teller zu bringen! Wir haben mittlerweile zum Beispiel auch ein breites Angebot an vegetarischen und veganen Speisen aus regionalen Lebensmitteln.

WIE LAUTET DEINE LOKALE ANTWORT AUF DIE KLIMAKRISE?
Wir versuchen Müll zu vermeiden, wo es geht. Pfandflaschen sind in der Gastronomie eine gute Alternative für viele Einkäufe! Auch unser Landfrauenmarkt ist mittlerweile weitestgehend plastikfrei. Wir schließen Kooperationen in der Region, um auf regionale Lebensmittel aufmerksam zu machen.

WIE IST DEINE VISION?
Ich möchte viele junge Frauen ins Café holen, die es in Zukunft weiterführen können! Gleichzeitig möchte ich weiter Schritt für Schritt daran arbeiten, umweltbewusst und nachhaltig zu wirtschaften und noch mehr regionale und Biowaren zu verarbeiten.

OFENFRISCH

BROT, GEBÄCK UND TORTEN

HOLUNDERBLÜTEN-TORTE

Zutaten

Für den Tortenboden
150 g Margarine
150 g Zucker
5 Eier
300 g Mehl
1 Päckchen Backpulver

Für die Créme
750 g Speisequark
100 ml Wasser
500 ml Holunderblütensirup
1,5 Beutel Gelatine
1.000 ml Schlagsahne

Für den Tortenguss
125 ml Holunderblütensirup
250 ml Wasser
Etwas Zucker
1,5 Pakete Tortenguss
Einzelne Holunderblüten als Deko

Für den Tortenboden zunächst die Margarine, den Zucker und die Eier in einer Küchenmaschine schaumig rühren. Das Mehl und das Backpulver hinzugeben und einarbeiten. Den Teig bei 175 Grad Umluft für 30 Minuten in einer Springform backen. Auskühlen lassen und dann in drei gleich dicke Böden schneiden.

Für die Créme wird zuerst die Sahne geschlagen. Nach und nach den Quark, dann den Holunderblütensirup und das Wasser unterrühren. Die Gelatine nach Packungsanleitung anrühren und ebenfalls unterrühren.

Den ersten Boden auslegen und mit der Créme bestreichen, mit den weiteren Böden wiederholen. Wenn alle Lagen geschichtet sind, mit dem Rest der Créme die Torte umhüllen.

Den Tortenguss nach Packungsanleitung anrühren, dabei einen Wasseranteil durch Holunderblütensirup ersetzen. Etwas Zucker hinzugeben. Vor dem Übergießen der Torte einen Tortenring verwenden! Nach Wunsch einzelne Blüten auf der Torte verteilen und dann mit dem Guss übergießen. Einige Stunden oder über Nacht im Kühlschrank setzen lassen und frisch verzehren.

See felder Mühle

schmeckt nach Som mer

National-
parkführerin
Agnes
Ratering

Zutaten

1 Tasse Rapsöl
2 Tassen Rübenzucker
2 Tassen Dinkelmehl
1 Tasse Dinkelvollkornmehl
1 Tasse Mineralwasser, sprudelnd
1 Päckchen Weinsteinbackpulver
1 Päckchen Vanillezucker
1 Prise Salz
15 Stängel Pfefferminze
5 Stängel Zitronenmelisse
Abrieb einer Biozitrone

Für den Guss

120 ml Holunderblütensirup (selbst gemacht)
3 Stängel fein gehackte Minze

Für die Dekoration

Eine Handvoll Blüten, z. B. vom Gänseblümchen, Hornveilchen, Taubnessel, Königskerze je nach Jahreszeit

MINZKUCHEN

Ein Backblech mit Backpapier auslegen oder eine runde Backform (28 Zentimeter) einfetten. Backofen auf 180 Grad vorheizen.

Alle trockenen Zutaten miteinander vermischen. Die sauberen Pfefferminz- und Zitronenmelisseblätter mit dem Selterswasser im Mixer pürieren und mit den restlichen Zutaten zum Teig geben und vorrühren. Den Teig auf das Kuchenblech verteilen und 45 Minuten backen.

5 Minuten vor Ende der Backzeit den Sirup mit der verrührten Minze auf dem Kuchen verteilen und noch 5 Minuten backen. Zum Schluss die Blüten auf dem noch heißen Kuchen verteilen.

Linda
Grüneisen
vegan

SAFTIGER SCHOKOKUCHEN MIT ZUCCHINI

Zutaten

Für den Teig

250 g Mehl (Dinkel Type 630, Dinkel Type 1050 oder Weizenmehl)

125 g Zucchini, ungeschält und fein geraspelt (am besten bio & regional)

20 g vegane Schokolade, fein gehackt (z. B. Zartbitter)

125 g Zucker (z. B. Rohrohrzucker)

200 g Apfelmus oder Apfelmark*

100 ml Raps- oder Sonnenblumenöl

1 TL Zimt

3 TL Backpulver (z. B. Weinsteinbackpulver)

1 TL Natron

4 EL dunkles Kakaopulver (z. B. Backkakao)

1 TL Apfelessig

Für die Glasur:

100 g vegane Schokolade oder Kuvertüre

Für den Belag

Frische oder tiefgefrorene Beeren oder gehackte Nüsse

*Es kann alternativ auch eine zerquetschte, reife Banane verwendet werden. Dann ist das Rezept nur nicht mehr ganz so regional.

Eine Backform mit veganer Butter (z. B. Alsan-Bio) oder Margarine fetten.

Die trockenen Zutaten in einer Rührschüssel vermischen. Die feuchten Zutaten zügig unterrühren, bis ein homogener Kuchenteig entstanden ist.

Auf mittlerer Schiene 70 Minuten backen. Nach 10 Minuten einmal längs mit einem Messer einschneiden, damit der Kuchen kontrolliert aufreißen kann. Nach der Backzeit die Stäbchenprobe machen. Ohne Vorheizen kann die Backzeit je nach Backofen variieren.

Den Zucchini-Schokokuchen komplett auskühlen lassen, mit der geschmolzenen Schokolade überziehen und nach Belieben mit frischen oder tiefgefrorenen Beeren oder gehackten Nüssen verzieren.

MEHLPÜÜT

von Annie Heger

Zutaten für 2 Personen
500 g Mehl
250 ml Milch
1 Ei
1 EL Schmalz
40 g Hefe
1 Prise Salz
Etwas Zucker

Die Milch leicht anwärmen. Die Hefe und etwas Zucker mit 4 Esslöffeln der Milch verrühren und kurz ziehen lassen.

Das Mehl in eine Schüssel geben und mit dem Hefe-Zucker-Gemisch, der restlichen, lauwarmen Milch, Ei, Schmalz und Salz vermengen.

Den Teig tüchtig kneten und dann in ein bemehltes Küchenhandtuch geschlagen an einem warmen Ort langsam gehen lassen.

Wenn der Teig aufgegangen ist, den Klüütje (Teigkloß) ca. 1 Stunde im Dampf garen, indem Wasser in einem Topf zum Kochen gebracht wird und der Kloß locker in dem Handtuch unter den Topfdeckel gebunden wird. Nicht den Kloß direkt ins Wasser geben. Wem das zu kompliziert ist, kann den Teig auch in eine Gugelhupfform geben und den Teig im Wasserbad zubereiten.

Kann mit angedickten Birnen und Vanillesauce, Zuckererbsen oder Milchsoße gegessen werden.

ANNIE ERINNERT SICH

Regionaal, saisonal, unverpackt, frisk – So hett de Levensmiddelverbruuk in Oostfreesland egentlik al immer autsehn. Vööl harren en lüttje Buurkeree mit en Kruudtuun, 2 – 5 Kohjen un Swienen för d' egen Gerack un mennigmaal en paar Hohner för d' Eierverbruuk van de hele Familie un de Naberskupp. Wenn een vandaag an de Vertehr van Deren un hör Produkten denken deit, brengt een dat torecht nich mit Düürsaamheid tosamen. Man fröher was dat vööl seltener as in disse Tied un wenn Fleesk eten wurr, denn gaff dat meist en Huusschlachten ohn Massendeerholleree un lang Transporten un dat wurr heel un dall all van en Deer verwert. Nicht umsünst gifft dat oostfreesk Rezepten as „Steckröven un Pootjes", in dat ok de typisk Kluntje Gebruuk finnt. Levensmiddelverschwendung was en Frömdwoord in d' Köken van mien Oma. Daar wurr nich bloot dat Wuddelgröön man ok de Blöömkohlstrunk verarbeidt un för dat hele Jahr wurren Bohnen updröögt, Buuskohl insett un Marmelaa inkookt.

MEHLPÜÜT

up Platt

Wat rin mutt
för 2 Lüü

- 500 g Mehl
- 250 ml Melk
- 1 Ei
- 1 EL Smolt
- 40 g Gest
- 1 Prise Solt
- En bietje Zucker

De Melk licht anwarmen. De Gest un en bietje Zucker mit 4 Lepel van de Melk vermengeln un kört trecken laten.

Dat Mehl in en Kumm doon un mit de Gest-Zucker-Gemengsel, de Rest van d' luukwarmen Melk, Ei, Smolt un Solt vermengeln.

De Deeg düchtig kneden un denn in en mehlt Kökenhanddook slaan an en warm Stee langsaam gahn laten.

Wenn de Deeg upgahn is, de Klüütje ca. 1 Stünn in Damp garen, indeem Water in en Pott to't Koken brocht word un de Klüütje löss in't Handdook unner de Pottdeckeel bunnen word. Nich de Klüütje direkt in't Water doon. Well dat to hoog is, de kann de Deeg ok in en Pottkookförm doon un de Deeg in en Waterbad koken.

Kann mit angedickt Peren un Vanillesooß, Zuckerarvten of Melksooß eten worden.

OMAS SCHNELLER APFELKUCHEN

Zutaten
125 g Fett
125 g Zucker
1 Päckchen Vanillezucker
3 Eier
200 g Mehl
1 Päckchen Backpulver
1 kg Augustäpfel
250 ml Sahne

Fett, Zucker, Eier, Vanillezucker und 1 Esslöffel warmes Wasser mit dem Rührbesen schaumig rühren. Mehl und Backpulver kurz untermischen. Die Äpfel schälen und in kleine Stücke schneiden (Falläpfel eignen sich gut). Die Äpfel mit dem Rührhaken unter den Teig mischen. In einer mit Fett ausgeriebenen 24er-Springform bei 160–170 Grad ca. 30 Minuten hellbraun backen. Mit der Nadel prüfen, ob gar. Schmeckt auch gut mit Zwetschen. Mit Sahne verzehren!

DUFTKUCHEN

Zutaten
500 g Mehl
1 Tüte Trockenhefe
2 EL Zucker
1 Prise Salz
250 ml Milch
500 g Birnen oder 1 Tüte Trockenobst
3 Kochmettwürste
1 Tüte Zitronenspeise

Mehl in eine große Schüssel geben. Hefe, Zucker und Salz zugeben und mit der angewärmten Milch mit dem Knethaken verrühren, bis ein dicker Kloß entstanden ist. Ihn in der mit einem Geschirrtuch abgedeckten Schüssel ca. eine Stunde aufgehen lassen, bis er doppelt so dick geworden ist. Danach mit dem Knethaken schön durchkneten und dann mit den Händen aus dem Teig eine runde Kugel formen. Wieder aufgehen lassen, bis er die nötige Dicke hat.

Nun wird es schwierig! Man legt in einen großen Kochtopf einen flachen Teller (am Rand muss noch Platz bleiben). Auf den Teller legt man den Teigkloß. Bis zur Höhe des Tellerrandes Wasser gießen. Rundherum das Obst und die Wurst legen. Deckel auf den Topf und langsam kochen lassen: 30–45 Minuten. Durch den Dampf ist der Kuchen schön hoch und gar. Nun den Teller samt Kuchen rausheben. Das Obst mit Wasser für die Soße vermehren und mit der Zitronenspeise andicken. Der Duftkuchen wird in Stücke geschnitten, mit der Soße begossen und dazu isst man die Kochwurst. Das schmeckt.

STUTEN MIT HEFE

Zutaten
500 g Mehl
2 EL Zucker
1 Päckchen Vanillepudding
1 Tüte Trockenhefe
250 ml warme Milch
Etwas Vanillezucker
1 Ei
200 g Rosinen

Mehl, Zucker, Vanillepudding,Vanillezucker und Rosinen in eine große Schüssel geben und vermischen. Darauf die Hefe verteilen. Die Milch erwärmen und über die Hefe laufen lassen und dabei mit dem Mixer (Knethaken) rühren. Nun das Ei dazu tun. Alles kneten, bis alles untergemischt ist.

Nun mit den Händen einen schönen, runden Kloß formen. In die Schüssel legen, mit dem Geschirrtuch abdecken und an einen, wenn möglich, warmen Ort stellen – beispielsweise Fensterbank über der Heizung. Eine Stunde, bis er doppelt so dick ist, aufgehen lassen.

Dann wieder kneten, einen schönen Stuten formen und in eine Kasten- oder Auflaufform legen. Mit der Gabel den Teig einstechen. Nochmal aufgehen lassen. Dann bei 160–170 Grad mit Umluft hellbraun backen lassen.

Die Spiekerooger Nationalparkführerin Anja Sander hat von ihrer Freundin Inge ein Rezept vererbt bekommen – zu ihrer großen Freude, weil die Goosköddel so lecker sind und Erinnerungen an Weihnachten wecken. Schön, wenn so ein Rezept nicht verloren geht.

GOOSKÖDDEL

Gänseköttel

Zutaten

- 100 g Butter
- Zucker
- 2 Eier
- 500 g Mehl
- 1 Päckchen Backpulver
- 2 EL Wasser
- 2 EL Milch
- 1 Fläschchen Backöl Zitrone

- Fett zum Ausbacken
- Zucker zum Bestreuen

Butter schaumig rühren, Zucker, Eier, Milch, Wasser, Gewürz zufügen. Das Backpulver ins Mehl rühren und alles zu einem Teig verrühren.

Den Teig kleinfingerdick ausrollen, davon Streifen abschneiden und zu einem Knoten schlingen.

In siedend heißem Fett schwimmend hellbraun backen und danach noch heiß mit Zucker bestreuen.

SAATEN-CRACKER

Zutaten für ein Backblech

- 200 g Dinkelvollkornmehl
- 100 g Sonnenblumenkerne
- Ca. 100 ml Wasser
- 4 EL natives Olivenöl
- ½ TL Meersalz

SUSANNE EMPFIEHLT
beim Kauf von Bio-Ölsaaten auf den Herkunftsort zu achten. Weniger Transportkilometer sind besser fürs Klima. Bei Produkten aus benachteiligten Ländern Fair-Initiativen unterstützen.

Alle Zutaten in einer Schüssel zu einem Teig verkneten. Wasser langsam dazugeben, bis der Teig eine leichte, knetbare Konsistenz hat.

Den Teig auf einem gefetteten Backblech sehr dünn ausrollen und mit einem Messer gleich große Rechtecke vorschneiden. Im Backofen bei 160 Grad Umluft ca. 20 Minuten backen.

Die Cracker können sehr gut auf Vorrat gebacken werden (trocken lagern).
Statt Sonnenblumenkernen können auch Sesam, Mohn oder Kümmel in gleicher Menge verwendet werden.

Energie sparen, Klima schützen, Kosten senken

Kochen, braten, backen. All das verbraucht Strom und wirkt sich negativ auf die eigene Klimabilanz aus. Doch mit ein paar einfachen Tipps lässt sich nicht nur die Umwelt, sondern auch der eigene Geldbeutel schonen: Den Backofen einfach auf „Umluft" stellen, denn die Backtemperatur kann hierbei um 20 bis 30 Grad niedriger eingestellt werden als bei Ober- und Unterhitze. Auch auf das Vorheizen des Backofens kann verzichtet werden. Das spart 20 Prozent der gesamten Menge an Strom, die das Kochen eines Rezeptes benötigt. Nur bei empfindlichen Teigen wie Biskuit oder Soufflee sowie bei Fleisch und Fisch sind Vorheizen und Ober- und Unterhitze angezeigt. Weitere Tipps: Den Backofen einige Minuten vor dem Ende der Garzeit ausschalten und die Restwärme nutzen. Und beim Kochen im Topf nach Möglichkeit einen Deckel verwenden. Laut dem Bundesministerium für Wirtschaft und Klimaschutz gehen mehr als zehn Prozent der gesamten Energiekosten eines Haushalts auf das Kochen zurück. Wer clever kocht, kann also eine Menge Geld sparen.

National parkführerin Agnes Ratering

SCHNELLES DINKELVOLLKORN-BROT

Zutaten
500 g Dinkelvollkornmehl
100 g Roggenmehl Type 997
1 EL Salz
½ Würfel Hefe
500 ml warmes Wasser
2 ½ EL Apfelessig

Die trockenen Zutaten vermischen. Hefe in dem warmen Wasser auflösen und den Essig dazugeben. Alles mit dem Knethaken maximal 2 Minuten verrühren und in eine gefettete Brotform geben. 15 Minuten ruhen lassen und dann bei 180 Grad 45 Minuten backen.

AGNES' TIPP

Ich benutze zum Backen auch gerne Weckgläser mit geradem Rand. Das ergibt eine schöne Brotform und es ist gleich deutlich, dass es etwas Selbstproduziertes ist.

Das Dinkelvollkornmehl stammt vom Naturlandhof „Achter'd Diek" von Mechthild und Wilko de Boer in Heinitzpolder in Bunde.

Bei meiner Exkursion „Frühstück mit den Wildgänsen" am Dollart sind die lecker belegten Schnitten ein unverzichtbarer Bestandteil des regionalen Frühstücks inklusive Wildgänsegeschnatter, Sonnenaufgang und wunderbarer Kulisse.

National parkführerin Anja Sander

TÄTJES BROT-REZEPT

Zutaten

Zwei Sorten Mehl zu gleichen Anteilen, z. B.:
- 500 g Roggenschrot
- 500 g Weizenschrot oder Dinkelschrot
- Sauerteigansatz (aus Bäckerei, Bioladen oder selbst gemacht)
- 1 EL Salz

Gewürze
- Schwarzkümmel, Koriander …

Körner nach Wahl
- Sonnenblumen, Kürbis, Leinsaat …

bei Früchtebrot
- Trockenfrüchte, Weihnachtsgewürze

Roggenschrot abends mit Sauerteigansatz und Wasser zu einem feuchten, flüssigen Teig verrühren und bis zum Morgen zugedeckt stehen lassen.

Für den nächsten Sauerteigansatz am Morgen einen Esslöffel Teig in ein Schraubdeckelglas mit zwei Esslöffeln Weizenmehl/Dinkelmehl und etwas Wasser geben, einen Tag stehen lassen, dann in den Kühlschrank. Der Ansatz hält sich wochenlang.

Den Weizen/Dinkel zum Roggen zugeben, Salz, Körner, Gewürze und alles verrühren zu einem feuchten, klebrigen Teig. Wenn er zu fest ist, geht er nicht so gut auf, wenn er zu feucht ist, wird es klitschiges Brot. Also nur nach und nach bei Bedarf Wasser zugeben.

In eine Form geben. Oben 1 Zentimeter Rand frei lassen. Oben einritzen und abdecken und am besten an einem warmen Ort gehen lassen. Wenigstens 4 Stunden – mehr macht nichts. Wenn der Teig aufgegangen ist, in den Ofen schieben.

Mit Abdeckung bei 210 Grad 50 Minuten, ohne Abdeckung bei 190 Grad 50 Minuten backen. Das ist abhängig vom Backofen und davon, wie viele Brote gleichzeitig gebacken werden. Stürzen, fertig ist das Brot.

Auch wenn es am Anfang kompliziert wirkt, ich wiege keine Mengen mehr ab und mache alles nach Gefühl. Ist immer lecker.

CROUTONS AUS ALTEM BROT

Zutaten
für einen kleinen Vorrat

- 3–4 Scheiben älteres, vielleicht schon leicht trockenes Brot
- 1–2 Knoblauchzehen, geschält und fein gewürfelt
- Etwas grobes Meersalz
- 2–3 EL natives Olivenöl

Die Brotscheiben (oder Brotreste) in Würfel schneiden, in eine Schüssel geben und mit den übrigen Zutaten gut vermengen.

In einer beschichteten Pfanne so lange unter Rühren anrösten, bis sich ein paar knusprige, braune Stellen gebildet und sich Röstaromen entwickelt haben.

Die Croutons schmecken warm und kalt und können mehrere Tage in einem Schraubglas oder einer Blechdose aufbewahrt werden. Sie passen sehr gut als Topping auf diversen Salaten, können aber auch einfach so geknabbert werden.

Optional kann man sie zusätzlich mit Curry, Paprikapulver oder Kräutern würzen.

OBEN DRAUF

AUFSTRICH UND PESTO

LÖWENZAHN-HONIG

Zutaten
1 Salatschüssel voll frisch gepflückter Löwenzahnblüten (ca. 100–130 Stück)
1.000 ml Wasser
1 Biozitrone, in Scheiben geschnitten
1 kg Zucker (am besten Biorohrzucker)

Optional
1 TL geriebene Tonkabohne (alternativ: Vanille, Zimt, ...)

Für den Löwenzahn-Honig werden ausschließlich die Blütenköpfe verwendet: Die Löwenzahnblüten oberhalb des bitter schmeckenden Stängels abzupfen. Die Stiele und Blätter müssen nicht weggeworfen werden. Sie können gedünstet oder im Salat verwendet werden.

Die gesammelten Blüten in eine große Schüssel mit kaltem Wasser geben und kurz darin hin und her bewegen. Insekten, die nun aus den Blüten herausklettern, sollten mit einem Löffel aus dem Wasser gefischt und zurück in den Garten gebracht werden.

Wenn die Löwenzahnblüten insekten- und spinnenfrei sind, kommen sie zusammen mit der aufgeschnittenen Zitrone in einen Topf und werden in 1 Liter Wasser kurz aufgekocht.

Den heißen Sud abkühlen und anschließend für mindestens 1 Stunde (noch besser über Nacht) durchziehen lassen, damit so viele Inhaltsstoffe wie möglich aus den Löwenzahnblüten ins Wasser gelangen können.

Der Löwenzahnsud wird nun durch einen Nussmilchbeutel oder durch ein Baumwolltuch gefiltert und in einem Messbecher oder direkt in einem Topf aufgefangen.

Den Zucker in den Sud geben und nach Belieben die geraspelten Tonkabohnen, Vanille oder gemahlenen Zimt einstreuen. Wenn kein zusätzliches Aroma im Löwenzahn-Honig gewünscht ist, können diese Zutaten einfach weggelassen werden.

Nun muss das Zucker-Löwenzahnsud-Gemisch für etwa 75 Minuten unter gelegentlichem Rühren köcheln, damit es eindickt.

Ist die gewünschte Konsistenz erreicht, wird der Löwenzahn-Honig in saubere Schraubgläser oder Flaschen gegossen. Er hält sich ungekühlt wochenlang, beginnt nur irgendwann zu verzuckern.

LINDA RÄT, ENERGIE SINNVOLL ZU NUTZEN

Da das Kochen des Löwenzahn-Honigs natürlich ziemlich viel Energie verbraucht, versuche ich immer, diesen Energieverbrauch ein bisschen zu relativieren. Zum Beispiel, indem ich zu Beginn der Kochzeit die Hitze und den aufsteigenden Wasserdampf nutze, um in einem Dunstaufsatz Gemüse zu dünsten! Man kann also während des Honigkochens auch gleich die Beilagen fürs Mittagessen zubereiten.

LINDA EMPFIEHLT, MIT DER KOCHZEIT ZU EXPERIMENTIEREN

Wenn man den Löwenzahnsud nur 45–50 Minuten einkochen lässt, ist die Konsistenz sirupartig und noch nicht so zähflüssig wie Honig. Ich fülle ihn daher immer in mehreren Portionen mit unterschiedlichen Konsistenzen ab.

Die erste Flasche ist dann ein leckerer Sirup und die zweite und dritte Flasche werden etwas länger gekocht, um Honig zu erhalten. Je länger die Flüssigkeit einkocht, desto zäher wird sie.

Achtung! Wenn das Löwenzahn-Zucker-Gemisch vollständig abgekühlt ist, ist es nochmal deutlich zähflüssiger als während des Kochens.

GRÜNKOHL-SONNENBLUMENKERN-PESTO

Zutaten für 8 Personen

- 150 g Grünkohl, ruhig die etwas gröberen Außenblätter verwenden
- 50 g Rucola
- 1 Handvoll Sonnenblumenkerne
- 1 Handvoll Haselnüsse
- 1–2 Zehen Knoblauch
- Olivenöl, mindestens 100 ml, Menge variiert
- 1 Prise schwarzer Pfeffer
- 1 TL Paprikapulver
- 1 TL Zwiebelpulver
- ½ TL Rauchsalz oder normales Salz

Optional

- 2 EL Hefeflocken für eine würzige Note

Alle Zutaten in einen Hochleistungsmixer füllen und pürieren. Dabei das Öl mit angießen, bis die gewünschte Konsistenz erreicht ist.

Alternativ (wenn kein Hochleistungsmixer zur Verfügung steht) die Kohlblätter in Streifen schneiden, die Haselnüsse mit einem Mörser zerstoßen, die Knoblauchzehen fein würfeln und gemeinsam mit den restlichen Zutaten mit einem Pürierstab so fein wie möglich pürieren.

LINDAS TIPP 1

Wer das Pesto etwas stückiger mag, kann ein paar Nüsse und Sonneblumenkerne grob zerstoßen und ins fertige Pesto einrühren.

LINDAS TIPP 2

Das Pesto hält sich in einem sauberen Schraubglas im Kühlschrank mindestens eine Woche. Solange es mit Öl bedeckt ist, hält es sich noch deutlich länger.

WILDKRÄUTER-PESTO

Zutaten für 1 Glas

6 EL Wildkräuter
z. B. Giersch, Löwenzahnblätter und -blüten, Brennnesselblätter, Gundermannblätter, Bärlauch, Knoblauchrauke, Gänseblümchen (nur die Wildkräuter sammeln, die du wirklich kennst)

75 g Sonnenblumenkerne
2 Filets getrocknete Tomaten
150 ml natives Olivenöl
1 TL Zitronensaft
¼ TL Schabzigerklee
Kräutersalz zum Abschmecken

Die Kräuter waschen, abtropfen lassen oder in einer Salatschleuder trocken schleudern. Die getrockneten Tomaten klein schneiden. Danach alle Zutaten, außer dem Kräutersalz, in einem Mixbecher vermischen und mit dem Pürierstab verkleinern.

Da die getrockneten Tomaten in der Regel gesalzen sind, nur vorsichtig mit Kräutersalz nachwürzen.

Wildkräuter sind pure Vitalstoffwunder. Ihre Bitterstoffe haben viele gesundheitsfördernde Eigenschaften.

LINDAS TIPP 1

Ich habe Flüssigrauch bisher nur im Onlinehandel gefunden und noch nicht hier in der Region. Da ich mit einer 340-ml-Flasche allerdings etwa zwei Jahre lang auskomme, würde ich diese Zutat trotzdem als nachhaltig einstufen. In der veganen Küche kommt Flüssigrauch immer mal wieder zum Einsatz, wenn man dem Essen eine rauchige Note verleihen möchte.

VEGANE LEBERWURST
aus Sonnenblumenkernen

Zutaten
200 g Sonnenblumenkerne
1 Zwiebel
1 säuerlicher Apfel
80 g vegane Butter, z. B. Alsan-Bio oder vegane Margarine
100 ml gekochte Gemüsebrühe
6 Pimentkörner oder 1 TL gemahlener Piment
2 Gewürznelken
1 TL getrockneter Majoran
½ TL Muskatnuss am besten frisch geraspelt
1 ½ TL Rauchsalz oder normales Salz oder Kräutersalz
½ TL gemahlener schwarzer Pfeffer
¼ TL Galgant (hat eine senfartige Note, kann aber auch weggelassen werden)
3 EL Flüssigrauch alternativ Sojasauce verwenden, allerdings fehlt dann das Räucheraroma

LINDAS TIPP 2
Wenn ein Hochleistungsmixer zur Verfügung steht, müssen die Zutaten (das gilt für alle) zuvor nicht so besonders fein zerkleinert werden, da diese Aufgabe später der Mixer übernimmt.

Sonnenblumenkerne ohne Fett für einige Minuten in einer Pfanne erwärmen, bis sie zu duften beginnen. Ab und zu umrühren und darauf achten, dass sie nicht anbrennen.

In der Zwischenzeit die Pimentkörner und die Nelken in einem Mörser zerkleinern oder in einer Mühle mahlen.

Wenn die Sonnenblumenkerne zu duften beginnen, kommen sie zum Abkühlen in den Mixbehälter eines Hochleistungsmixers oder in eine tiefe Rührschüssel, in der man gut mit einem Pürierstab arbeiten kann.

In der noch heißen Pfanne die grob zerteilte Zwiebel und den grob zerteilten Apfel für 3–4 Minuten in der veganen Butter anbraten. Ich gebe den gesamten Apfel samt Kerngehäuse und Stiel mit in die Pfanne, da mein Mixer später alles schön klein manscht. Die Gewürze dazugeben und unter Rühren 2–3 Minuten mitbraten.

Den Pfanneninhalt zu den Sonnenblumenkernen geben. Die Pfanne unbedingt gut auskratzen, denn jedes Gewürzschnipselchen ist wertvoll. Weiterhin kommen in den Mixer (oder die Rührschüssel) die Gemüsebrühe und der Flüssigrauch/die Sojasauce.

Nun alles gut mixen/zerkleinern. Je länger püriert wird, desto feiner wird die Konsistenz. Abschließend die noch heiße vegane Leberwurst in saubere Schraubgläser füllen und gut verschließen. Nach dem Abkühlen im Kühlschrank lagern.

Der Geschmack ist erst am nächsten Tag so richtig gut, wenn alle Aromen gut durchziehen konnten.
Haltbarkeit: mindestens 1 Woche (meist deutlich länger)

Weser marsch

KÄSE, WIND UND MEER

Hof Butendiek, Seefeld

1977: Maike und Jürgen Bruns übernehmen den landwirtschaftlichen Betrieb seiner Eltern in Seefeld in der Wesermarsch. Die dritte Generation seit 1938 hatte für die damalige Zeit Ungeheuerliches vor: ökologischen Landbau. Schnell hatten die beiden ihren Ruf weg: Mit „Brennessel-Bande" bekamen sie ihren Stempel aufgedrückt. Doch unbeirrt gingen sie ihren Weg, fest davon überzeugt, genau das Richtige zu machen. Und seit 1987 macht das Ehepaar Bruns richtig guten Käse.

2017: Mit Annamarie, Elisabeth, Niklas und Jan-Hinnerk übernehmen die vier Kinder von Maike und Jürgen Hof Butendiek, den Bio-Hof am Deich. Nach 40 Jahren ist Bio in der Gesellschaft angekommen und der Familienbetrieb ein Vorbild an qualitativer Entwicklung und Konstanz, die nun von den Kindern vorangetrieben wird. Die fünfte Generation mit neun Enkelkindern ist bereits am Start.

„Von Bio sind wir Geschwister überzeugt."

„So überraschend ist das gar nicht, dass wir vier auf den Hof zurückgekehrt sind, nachdem wir in unseren jeweiligen Berufen ausgebildet waren," beschreibt Elisabeth Bruns-Rohde die besondere familiäre Situation, „denn unsere Eltern haben früh damit begonnen, uns an den Betrieb heranzuführen. Andererseits haben sie uns in die Berufswahl nicht hineingeredet. Wir haben zwar immer mitgeholfen, denn ein bisschen Dienst gehört immer dazu, aber es wurde nie gesagt, dass jemand den Hof übernehmen muss. So dass wir alle in Ruhe unseren Weg finden konnten und uns dann für den Hof entschieden haben. Von Bio sind wir Geschwister überzeugt." Sie selber ist Grundschullehrerin für Mathematik und Sachunterricht, ihre Schwester Annamarie ist Tierärztin, Niklas und Jan-Hinnerk sind beide Landwirte und jeweils zusätzlich als Metallbauer und Landmaschinenschlosser ausgebildet: „Jeder von uns Vieren hat hier im Betrieb seinen eigenen Bereich, doch in der Gemeinschaft mit allen erreichen wir etwas Tolles: einmalige Käsevielfalt."

40 Menschen gibt Hof Butendiek Arbeit. Überwiegend Frauen arbeiten in der Käserei. Zwei Auszubildende sind in der Landwirtschaft beschäftigt. Die Augen der Chefin Maike Bruns leuchten: „Unser Team ist wie eine Familie. Wir alle gehen achtsam miteinander um und vertrauen einander. Mich beschäftigt aber schon, dass ein Betrieb dieser Größe auch manchmal von den Kindern als Bürde empfunden werden kann. Bei Jürgen und mir war das damals anders, denn der Anfang war ein Herantasten: Wir hatten damals vor, etwas Neues auszuprobieren und nicht mehr." Sie selbst ist immer verwundert, wenn sie darüber nachdenkt, welch toller Betrieb entstanden ist.

Hof Butendiek liegt Luftlinie 2,5 Kilometer vom Jadebusen entfernt. Das Meer ist also sehr nahe. „Angst vor der Nordsee und dem steigenden Meeresspiegel haben wir nicht", sagt Elisabeth Bruns-Rohde, „doch die stete Deicherhöhung prägt unser aller Leben sehr. Die Klimakrise ist uns bewusst, deswegen versuchen wir ja möglichst im Einklang mit der Natur zu wirtschaften. Bio ist von daher ein versöhnlicher und ein vernünftiger Weg."

Frischkäse von Hof Butendiek haben Namen wie „Scharfe Käthe", „Sultans Freude" oder „Gustav brennt" und abgesehen von ihrem jeweiligen ehrlichen und unverfälschten Geschmack sind auch diese Bezeichnungen einmalig. In der Käserei werden auch Schnittkäse in bunter Vielfalt von Hand hergestellt. Die Nähe zur Nordsee schmeckt, denn die salzige Meerluft gibt der Milch eine besondere Würze. Speisequark und Joghurt kommen auch vom Hof sowie saftige Schinken und würzige Salamis. „Wir probieren viel aus in der Käserei und sind sehr experimentierfreudig. Diese Freiheit nehmen wir uns. Daraus ziehen wir viel Energie, weil wir eben so offen für Neues sind", strahlt Elisabeth.

„Die stete Deicherhöhung prägt unser aller Leben sehr."

Zu Tisch bei Elisabeth Bruns-Rhode

ELISABETH, WARUM MACHST DU DIESE ARBEIT?
Um meine Familie und mein Leben mit meiner Arbeit, mit der Natur, mit Tieren und unseren Mitmenschen zu verbinden und gemeinsam etwas zu gestalten.

WANN BIST DU ZULETZT ALTEN, REGIONALEN OBST- ODER GEMÜSESORTEN BEGEGNET?
Im eigenen Garten haben wir die alte Apfelsorte Reitlander Äpfel.

WELCHE THEMEN SIND DEINE IN DER KÄSEREI?
Mitarbeiterkoordination, Hygienethemen, Vermarktung, Kundenkontakt, aber am liebsten bin ich einfach mit im Team und produziere leckere Lebensmittel.

WIE LAUTET DEINE LOKALE ANTWORT AUF DIE KLIMAKRISE?
Sehr schwierig, darauf eine kurze Antwort zu finden. Wenn jeder mit ein paar Schritten etwas tut, dann können wir gemeinsam schon viel schaffen.

DURSTLÖSCHER

GETRÄNKE UND SMOOTHIES

FLEDDERN-SEKT

HOLUNDERBLÜTENSAFT

Zutaten
7 schöne Holunderblütendolden
1 kg feiner Zucker
4 naturreine Zitronen
20 g Weinsteinsäure
7.000 ml Wasser

Die Holunderblüten in Wasser tauchen und gut abschütteln. Die 7 Liter Wasser mit dem feinen Zucker aufkochen, so dass sich der Zucker darin auflöst. Abkühlen lassen! Die Zitronen waschen und mit der Schale in Scheiben schneiden. Alle Zutaten in einen großen Topf geben. Die Weinsteinsäure hinzugeben und alles gut umrühren.

Nun alles 24 Stunden ruhen lassen. Danach durchsieben und in vorbereitete Flaschen füllen. Diese noch gut 8 Tage offen stehen lassen. Dann gut verschließen.

Gut gekühlt mit ein paar Eiswürfeln servieren. Eine preiswerte Erfrischung an heißen Tagen.

HAFER-SHOT

Zutaten für 10 Gläser
1.000 ml Wasser
150 g Haferflocken
5 Datteln
120 ml Ahornsirup

Die Haferflocken in einer Pfanne rösten und anschließend mit dem Wasser aufgießen. Die Datteln klein würfeln und mit dem Ahornsirup hinzugeben. Das Ganze pürieren, 30 Minuten ziehen lassen und dann durch ein grobes Sieb passieren und genießen.

GRÜNKOHL-SMOOTHIE

Zutaten für 2 Smoothies
150 g Grünkohl
2 Orangen
1 Banane
10 g Ingwer
250 ml stilles Mineralwasser

Grünkohl putzen. Dann blanchieren, abgießen und kalt abschrecken. Orangen schälen, dabei die weiße Innenhaut entfernen. Orangen klein schneiden. Banane und Ingwer schälen und ebenfalls klein schneiden.

Alle Zutaten in einen Mixer geben und fein mixen. In Gläser füllen und servieren. Garnitur: Orangentwist und Ingwerstück.

SANDDORN-SMOOTHIE

Zutaten für 2 Smoothies
2 Äpfel
1 Banane
80 ml Sanddornsaft
100 g Naturjoghurt
4 EL Honig
400 ml Milch

Die Äpfel waschen und vierteln, das Kerngehäuse herausschneiden. Banane schälen, in Scheiben schneiden und mit dem Apfel, dem Sanddornsaft, dem Joghurt, dem Honig und der Milch in den Mixer geben.

Alles ca. 20 Sekunden mixen. In Gläser gefüllt servieren. Garnitur: Apfelkeil, Minze-Zweig.

Fries
land

IM VERTRÄUMTEN KLOSTERPARK OESTRINGFELDE

Regionales Umweltzentrum Schortens (RUZ)

Von der UNESCO als Lernort für Nachhaltigkeit ausgezeichnet

Mit dem Projekt „Regional ist 1. Wahl" startete das Regionale Umweltzentrum Schortens als vom Land Niedersachsen anerkannter außerschulischer Lernort im Jahr 2009 erstmals ein größeres Vorhaben zur Ernährungsbildung. Seitdem werden Kindern und Jugendlichen die Zusammenhänge zwischen der Herkunft und dem Anbau von Lebensmitteln, ihrer Verfügbarkeit und Verarbeitung vermittelt. Dabei spielen Saisonalität und Regionalität der Lebensmittel kombiniert mit frischer Zubereitung und die Bedeutung von Essen für die eigene Gesundheit eine große Rolle. Auch Aspekte wie Tierwohl und Klimaschutz werden thematisiert. Gleichzeitig ist es den Initiator:innen wichtig, die Ernährungsumgebung zu verändern, damit gelerntes Wissen im täglichen Leben auch tatsächlich umgesetzt werden kann. Beispielsweise durch das Anstoßen von Veränderungen in Bezug auf die Angebotsauswahl von Lebensmitteln in Schulmensen und -kiosken. Lernmaterialien mit Hinweisen zu Exkursionszielen, Mitmachangebote wie der Kartoffelanbau im örtlichen Klostergarten, die gemeinsame Zubereitung eines gesunden Bio-Frühstücks oder das Kochen mit Kräutern, frisch gemahlenem Vollkornmehl und leckerem Obst und Gemüse machen Ernährungsbildung im Umweltzentrum besonders interessant.

Aber nicht nur für Schulen und Kindertagesstätten wird etwas geboten. Vorträge und Infostände zu heimischem Superfood bzw. vergessenen Gemüsesorten oder vegetarische Kochabende mit geretteten Lebensmitteln sind nur einige Beispielveranstaltungen, die gerne von Erwachsenen(gruppen) gebucht werden. Zudem engagiert sich das RUZ als Mitglied des Bundesverbands der Regionalbewegung seit vielen Jahren für die Direktvermarktung in der Region. In der bundesweit nutzbaren „Regio App", die an der Küste durch das Umweltzentrum Schortens betreut wird, finden interessierte Einheimische und Tourist:innen Adressen von Hofläden mit Produkten hiesiger Erzeuger:innen. Die aktuelle Website „Küstenwandel" liefert weitere Anregungen und Adressen rund um nachhaltigen und regionalen Konsum.

Wer weiter denkt, kauft näher ein

Ziel dieser vielfältigen Aktivitäten ist es, Menschen für zukunftsfähige Ernährung und die notwendigen Voraussetzungen dafür zu sensibilisieren. Denn informierte Verbraucher:innen haben nach Meinung des RUZ-Teams mit der täglichen Auswahl ihrer Lebensmittel durchaus Einfluss. Etwa auf die Art der Herstellung, die Weite des Transports, den Schutz der Ressourcen Boden und Wasser, auf Tierwohl und Klimawirkung, faire Bezahlung der Produzent:innen, den Grad der Verpackung und nicht zuletzt auf die eigene Gesundheit. Deshalb hat es sich das Umweltzentrum zur Aufgabe gemacht, Alternativen zum Herkömmlichen aufzuzeigen und Wege hin zu einer klimabewussten und zukunftsfähigen Ernährungsweise zu ebnen.

web www.kuestenwandel.de

Die Superfoods – in aller Munde

„Superfoods" gelten allgemein als besonders nährstoff- und vitalstoffreiche pflanzliche Lebensmittel. Eine offizielle, rechtliche Definition für „Superfoods" gibt es nicht. Mittlerweile erreichen die Vermarktungsstrategien sehr viele Menschen und führen zu einem regelrechten Hype um „Superfoods". Der Konsum ist angesagt und symbolisiert Nahrung als Lifestyle.

Nicht selten haben die meistens weit gereisten Produkte ökologische und soziale Schattenseiten und oft bezahlen die Verbraucher enorme Preise.

Alles vor der eigenen Haustür

Nicht das einzelne exotische „Superfood" hält uns fit und gesund und stärkt das Immunsystem, sondern die phantastische regionale und saisonale Vielfalt an Gemüse, Früchten und Hülsenfrüchten, Kräutern, Wildkräutern, Saaten, Nüssen und Getreide. Ob Grünkohl, Rote Bete, Kresse oder Löwenzahn – im Zeitalter von Fertiggerichten, Functional und Fast Food gelangen die heimischen „Superfoods" leider nur noch selten frisch und schonend zubereitet auf unsere Teller.

Das Wesentliche haben wir fast aus den Augen verloren: Es ist alles da, wir müssen es nur wieder schätzen und lieben lernen.

UNESCO-Biosphärenreservate sind weltweit Modellregionen, in denen beispielhaft gemeinsam mit Einheimischen, Akteur:innen und Gästen innovative Ansätze nachhaltiger Entwicklung erprobt und realisiert werden. Die 17 Ziele für eine nachhaltige Entwicklung (Sustainable Development Goals, SDGs) der Agenda 2030, als globaler Plan zur Förderung nachhaltigen Friedens und Wohlstands und zum Schutz unseres Planeten, sind dabei auch hier in der Biosphärenregion Niedersächsisches Wattenmeer ein wichtiges Instrument in der Zusammenarbeit mit Gemeinden, Biosphärenschulen und dem Partner-Netzwerk.

BIOSPHÄREN-SCHULEN

INFO BOX

Biosphärenschulen

Biosphärenregion statt Schulbank
Biosphärenschulen fühlen sich eng verbunden mit der Wattenmeer-Region, verstehen sich in ihren Bemühungen als Partner:innen der Nationalparkverwaltung und sind als Botschafter:innen in der Region aktiv. Durch eine formale Verankerung in Lehrplänen, praxisnahen Unterricht, fächerübergreifende Projekte und außerschulische Partnerschaften integrieren sie die Themen und Ziele des UNESCO-Biosphärenreservats und einer nachhaltigen Regionalentwicklung in ihren Schulalltag.

Dabei liegt der Fokus darauf, die Natur mit allen Sinnen zu erleben und zu begreifen. So haben Schüler:innen die Möglichkeit, ihren praxisnahen Unterricht oder fächerübergreifende Projekte auch gemeinsam mit den verschiedenen Partner:innen aus Naturschutz, Tourismus, außerschulischen Bildungsorten, Kultur, Landwirtschaft und weiteren Bereichen zu gestalten. Durch einen praktischen Einblick, zum Beispiel zum Schutz des Wattenmeeres, bei einer geführten Wattexkursion, einem Tag im Wald, in der nachhaltigen Landwirtschaft, beim Kochen mit regionalen Produkten oder bei einem Besuch bei Energieexpert:innen, erschließen sich Schüler:innen einer Biosphärenschule die Wattenmeer-Region vor und hinter dem Deich über ganz besondere Lernorte.

Biosphärenschulen gibt es seit 2018 entlang der gesamten niedersächsischen Wattenmeer-Küste – von der Grundschule bis zur Berufsbildenden Schule.

www.nationalpark-wattenmeer.de/wissensbeitrag/biosphaerenschulen

BIOSPHÄRENSCHULE

BÄRLAUCH-FRISCHKÄSE

Zutaten
300 g Frischkäse
5 Blätter Bärlauch
Pfeffer

Bärlauch-Frischkäse ist ein schnell gemachtes Rezept, das jede Grillparty zum Kracher macht.

Den Bärlauch gründlich waschen, trocknen und klein schneiden. Den Bärlauch zum Frischkäse geben und unterrühren. Zum Schluss den Bärlauch-Frischkäse nach Geschmack würzen.

IGS
Krumm
hörn

BÄRLAUCH-BUTTER

Zutaten
Bärlauch
Butter
Salz
Pfeffer

Zuerst wird der Bärlauch gewaschen und anschließend klein geschnitten. Danach wird die Butter ausgepackt, in die Schüssel gelegt und mit einer Gabel zerdrückt. Jetzt wird der Bärlauch in die Schüssel mit der Butter gegeben und das Ganze mit der Gabel vermischt. Währenddessen kann man nach Belieben Salz und Pfeffer dazugeben.

WILDKRÄUTER-BAGUETTE

Zutaten für 2 kleine Brote
Für das Quellstück
100 g Mehl
100 ml Wasser
5 g Hefe
Für die Wildkräuterpaste
25 g Bärlauch
10 g Giersch
1 Stängel Liebstöckel
10 g Petersilie
1 Blatt Sauerampfer
3 g Salz
15 g Olivenöl
Teig
Quellstück
400 g Mehl (550)
200 ml Wasser
Wildkräuterpaste
8 g Hefe
7 g Salz

Alle Zutaten für das Quellstück miteinander vermengen. Zum Gehenlassen muss das Quellstück 14 Stunden ruhen.

Die Zutaten für die Wildkräuterpaste werden alle zusammen mit dem Mixer püriert.

Nach der Ruhezeit werden die restlichen Zutaten zum Quellstück gegeben und für den Baguetteteig miteinander verrührt. Der Teig wird danach 20 Minuten stehen gelassen.

Danach kann der Teig ausgerollt und dann von den Seiten zur Mitte hin übereinanderlegt werden. Dann wieder 20 Minuten ruhen lassen. Anschließend wird der Teig wieder von den Seiten zur Mitte hin gefaltet. Den Teig so etwa eine Stunde gehen lassen.

Den Teig nun in zwei Hälften teilen. Jede Hälfte wird zu einem Teigstreifen von etwa 25 Zentimeter Länge gezogen. Die beiden Teigstreifen dann miteinander verflechten und auf ein Backblech legen. Hier den Teig abschließend für 35 Minuten gehen lassen.

Der Ofen wird derweil auf 250 Grad Celsius vorgeheizt. Das Baguette wird 10 Minuten mit Dampf gebacken. Der Ofen wird dann auf 200 Grad Celsius heruntergedreht und das Baguette 25 Minuten ausgebacken.

OBS Borssum

vegan

Frühlings frisch

BRENNNESSEL-CHIPS

Zutaten
Brennnesselblätter
Olivenöl
Paprika
Knoblauch
Salz
Pfeffer

Brennnesselblätter sammeln und waschen sowie trocken tupfen. Mit Olivenöl und gewünschten Gewürzen für die Chips bestreichen (Pfeffer, Salz, Paprika oder Knoblauch je nach Belieben). Bei 160 Grad Celsius im Ofen knusprig backen (etwa 15 Minuten).

NEUJAHRS-MATJES

mit Frischkäse

Zutaten für 6 Personen
200 g Frischkäse
1–2 Sherry-Matjes
Uli's Lavendelsalz
Etwas Gewürzgurke
½ rote Zwiebel
½ kleiner Apfel
50 g Kürbis
Etwas Dill
Zucker
3 lange Scheiben gelbe Zucchini
3 Neujahrskuchen
Etwas Schnittlauch

Matjes, Gewürzgurke, rote Zwiebel, Apfel und Kürbis in feine Würfel schneiden. Dill hacken. Alles mit dem Frischkäse vermengen und mit Zucker abschmecken. Kühl stellen.
Zucchinischeiben mit Lavendelsalz würzen und dämpfen.

Neujahrskuchen vorsichtig halbieren und mit der Frischkäsemasse befüllen. Dekorativ zum Beispiel auf einen Löffel legen.
Mit den Zucchinischeiben, dem Schnittlauch und einem Streifen Sherry-Matjes garnieren.

PANNA-MATJES

mit Rote-Bete-Apfel

Zutaten für 6 Personen
250 ml Sahne
1 Matjes
½ Zwiebel
1 Apfel
Etwas Gewürzgurke
Zucker
Uli's Sanddornsalz
Etwas Vanillemark
1 ½ Blatt Gelatine
1 kleine Rote Bete

Sahne mit gewürfeltem Matjesfilet, Zwiebel, etwas Apfel, Gewürzgurke, Zucker und Salz erhitzen. Im Anschluss langsam pürieren und passieren. Nochmals erwärmen. Vanillemark hinzugeben, abschmecken und die eingeweichte Gelatine unterrühren. Abfüllen und kühl stellen.

Rote Bete garen und „schälen", abkühlen lassen. Etwas Apfel mit Zwiebel zu Mus kochen. Den Rest Apfel sowie die Rote Bete in gleich große Würfel schneiden und anschwenken. Apfelmus hinzugeben, mit Salz und Zucker abschmecken und abkühlen lassen.

Wenn die gekochte Matjessahne fest ist, mit der Sauce befüllen und servieren.

MATJES-BÄLLCHEN

nach Hausfrauenart

Zutaten für 6 Personen
1 Räuchermatjes
40 g rote Zwiebeln
2 Prisen Uli's Rauchsalz
Etwas Zucker
100 g (Brat-)Kartoffeln
1 Eigelb
40 g Gewürzgurken
40 g Äpfel
Mehl zum Panieren
2 Volleier
Panko-Paniermehl
Sonnenblumenöl
120 g Steckrübe
120 g Kürbis
20 g Fenchel
1 Zucchini
Etwas Branntweinessig

Matjes, Zwiebeln, Äpfel und Gewürzgurken klein schneiden. Kartoffeln schälen und zu Bratkartoffeln verarbeiten, pressen und mit den Matjes, den Äpfeln, dem Eigelb und Gewürzgurken zu einer „Krokettenmasse" verarbeiten. Mit Rauchsalz und Pfeffer abschmecken und zu kleinen Kugeln formen. Diese zuerst in Mehl wenden, dann durch die verquirlten Eier ziehen und im Anschluss ins Panko-Paniermehl legen. Die panierten Kugeln im Öl frittieren.

Zucchini in dünne Scheiben schneiden, würzen und dämpfen. Die Steckrübe, den Kürbis, den Fenchel sowie die restliche Zucchini in Würfel schneiden und anschwenken, mit Branntweinessig, Salz und Pfeffer würzen. In einer kleinen Fingerfoodschale anrichten.

Biosphären- und Nationalpark-Partner

1 Aselerwarf Schafhof und Wollwerkstatt, Wittmund
www.aselerwarf.de

2 ATLANTIC Hotel, Wilhelmshaven
www.atlantic-hotels.de

3 Biolandhof Agena · Dreyer, Krummhörn
www.biolandhof-agena.de

4 Deutsche Jugendherberge Schillighörn
www.jugendherberge.de

5 Gulfhof Friedrichsgroden, Carolinensiel
www.wattwanderzentrum-ostfriesland.de

6 Historisch-Ökologische Bildungsstätte HÖB, Papenburg
www.hoeb.de

7 Hotel Inselfriede, Spiekeroog
www.inselfriede.de

8 Kornkraft Naturkost, Großenkneten
www.kornkraft.com

9 NAKUK, das friesische Landhotel, Horumersiel
www.nakuk.de

10 Nationalpark-Führerin Agnes Ratering, Bunde
www.up-hannes-warft.de

11 Nationalpark-Führerin Anja Sander, Spiekeroog
www.spiekeroog-inselfuehrungen.de

12 Restaurant Zur Börse, Wremen
www.zur-boerse.de

13 Regionales Umweltbildungszentrum Schortens,
www.ruz-schortens.de

14 Seefelder Mühle, Stadland
www.seefelder-muehle.de

15 Seekrug Die Langeooger Genussmanufaktur, Langeoog
www.seekrug.de

16 Strandhotel Duhnen, Cuxhaven
www.kamp-hotels.de

17 Uli's kleine Senfmanufaktur, Moorweg
www.ulis-kleine-senfmanufaktur.de

18 Weindiele®, Westerstede
www.weindiele.de

Biosphärenschulen

19 Oberschule Borssum
www.oberschuleborssum.de

20 Integrierte Gesamtschule Krummhörn
www.igs-krummhoern-hinte.de

21 Berufsbildende Schulen Wittmund
www.bbs-wittmund.de

Gleichgesinnte im Wattenland

22 Annie Heger, Oldenburg
www.annierockt.de

23 ATLANTIC Hotel, Bremerhaven
www.atlantic-hotels.de

24 Dreschflegel Saatgut, Rhauderfehn
www.dreschflegel-saatgut.de

25 Fleischerei Hamacher, Sande-Neustadtgödens
www.fleischerei-hamacher.de

26 Gärtnerei Otten, Jever
www.gaertnerei-otten.de

27 Linda Grüneisen, Butjadingen
www.improplant.de

28 Hof Butendiek, Stadland
www.hof-butendiek.de

29 Deichschäferei Jochen Fass, Wilhelmshaven

Satellitenbild: Rohdaten: USGS, Bildverarbeitung: Claudius Diemer

Rezeptregister

Zutatenregister

Gut, sauber & fair:
Für alle, denen nicht egal ist, was sie essen.
Ihr Rabattcode: Watt50
slow-food-magazin.de/probeabo
Slow Food
GENUSS & VERANTWORTUNG
UNTERWEGS IM ALLGÄU
GENUSS-SCHWERPUNKT GEFLÜGEL
DOSSIER DIE KRAFT DER ZUVERSICHT
SLOW FOOD CHECK KIMCHI
SAISONKÜCHE MEERRETTICH
50% RABATT
auf ein Probeabo!
3 Ausgaben
für nur 7,50 Euro
(statt 22,50 Euro
für die Einzelhefte).
Jetzt bestellen unter
www.slow-food-magazin.de/probeabo
Per E-Mail: oekom-abo@verlegerdienst.de
Telefonisch unter 08105. 388 563